军工文化丛书

军工文化理论与实践

刘存福 李赫亚 孙利 等著

北京理工大学出版社
BEIJING INSTITUTE OF TECHNOLOGY PRESS

内 容 简 介

军工文化是我国国防科技工业发展过程中逐步积淀形成的一种重要文化形态，是中国特色社会主义文化的重要组成部分。本书在理论层面阐释了军工文化的科学体系、丰富内涵和精神实质，包括军工文化的内涵、结构、功能、分类、特色等；在实践层面，针对军工文化示范单位评估、军工文化教育基地评估、军工文化遗产评估、军工文化培训四个方面确立了评估原则、培训目标，构建了评估指标体系，规范了评估方式与认定程序。中华民族伟大复兴需要更加注重以文化自信为前提和引导的文化软实力建设，需要更加积极建设和展现具有先进性的文化形态。建设、发展、弘扬军工文化，永葆其先进性，传承其红色基因，是新时代彰显文化自信的重要之维。

版权专有　侵权必究

图书在版编目（CIP）数据

军工文化理论与实践/刘存福等著．—北京：北京理工大学出版社，2018.12
ISBN 978-7-5682-6516-4

Ⅰ．①军… Ⅱ．①刘… Ⅲ．①军工厂-企业文化-研究-中国　Ⅳ．①F426.48

中国版本图书馆 CIP 数据核字（2018）第 276642 号

出版发行 / 北京理工大学出版社有限责任公司
社　　址 / 北京市海淀区中关村南大街 5 号
邮　　编 / 100081
电　　话 /（010）68914775（总编室）
　　　　　（010）82562903（教材售后服务热线）
　　　　　（010）68948351（其他图书服务热线）
网　　址 / http://www.bitpress.com.cn
经　　销 / 全国各地新华书店
印　　刷 / 北京地大彩印有限公司
开　　本 / 710 毫米×1000 毫米　1/16
印　　张 / 12　　　　　　　　　　　　　　　　　责任编辑 / 李慧智
字　　数 / 180 千字　　　　　　　　　　　　　　文案编辑 / 李慧智
版　　次 / 2018 年 12 月第 1 版　2018 年 12 月第 1 次印刷　　责任校对 / 周瑞红
定　　价 / 58.00 元　　　　　　　　　　　　　　责任印制 / 李志强

图书出现印装质量问题，请拨打售后服务热线，本社负责调换

《军工文化丛书》编委会

主　任　包丽颖

副主任　刘存福　樊红亮

成　员　（以姓氏笔画为序）

卢小山　刘永谋　刘铁忠　孙　利
李赫亚　吴　剑　张　波　张剑军
张振华　贺亚兰　徐涛涛　黄　金
喻佑斌　童旭光

顾　问　赵　平

序

习近平总书记指出，"文化自信，是更基础、更广泛、更深厚的自信"。军工文化是马克思主义普遍真理指导中国军工实践的产物，是中国特色社会主义文化的重要组成部分，体现着社会主义文化的先进性、革命性，浓缩着国防科技工业文化建设方面的智慧。军工文化自身形成、发展的历史充分承载和诠释了"自信"，对于最大限度地增强军工战线凝聚力和感召力、提升国防科技工业软实力、推进国防科技工业可持续发展与全面创新发挥着十分积极的作用。

2006年暑期，在原国防科工委直属机关党委指导下，北京理工大学研究起草《国防科工委关于加强军工文化建设的指导意见》，由此拉开了军工文化理论研究的序幕。2006年下半年，原国防科工委开展军工文化建设征文活动。北理工报送了三篇论文，分别获得一个特别奖、一个一等奖、一个二等奖。根据当时国防科工委对加强军工文化建设的理论研究需求，结合北理工文化研究的智力优势，2006年12月1日，军工文化教育研究中心在北京理工大学揭牌成立，这是行业内成立的第一个专门从事军工文化理论研究的机构，新华网等主流媒体对此进行了报道。

军工文化教育研究中心，主要承担组织文化学科建设与专业建设、人才培养、科学研究和社会服务等任务，特别针对国防科技工业的文化建设承担人才培养、科学研究和咨询服务的任务。中心的教师队伍，由学校党委宣传部和学院从事组织文化教学、研究的人员为主体组成。

中心成立以来，研究起草的原国防科工委文件包括：《国防科工委关于加强军工文化建设的指导意见》《国防科技工业军工文化建设指南》《国防科工委关于加强军工文化培训的若干意见》《国防科技工业军工文化建设示范单位认定办法》《国防科技工业军工文化教育基地认定办法》.

为全行业加强军工文化建设提供了有力指导，得到了一致认同。同时，中心成员全程参加了首批军工文化建设示范单位和军工文化教育基地的评审工作，以及之后的许多示范单位、教育基地、军工文化艺术团等的评审工作，并发挥了重要作用。中心成员先后走访了9个省、市国防科工委（办），11个军工集团，近百家军工企事业单位，积累了丰富的军工文化建设实践素材。中心高质量完成了诸多课题，如《军工文化建设若干问题研究》《军工文化教育基地建设与管理研究》《JK863文化管理研究》《"十三五"军工文化建设规划研究》《新时期加强和改进军工文化建设若干问题研究》《中核集团核军工文化遗产认定研究》《中核集团军工勋章评定研究》。其中，《军工文化建设若干问题研究》课题成果荣获国防科技工业科技进步二等奖。

中心围绕军工文化的界定、军工文化的结构与功能、军工文化的历史、军工文化建设、军工文化分类、军工文化的特色等方面，研究发表论文40多篇，出版《军工旗》《国防工业经济运行与管理》《论军工文化》3部著作。为进一步将中心研究工作化为有形成果，更好地为加强和改进军工文化建设提供理论支撑，我们对前期工作进行了认真梳理和研究，组织编写了《军工文化理论与实践》这本专著。本书紧紧围绕什么是军工文化、怎样建设军工文化、新时代怎样加强和改进军工文化建设等问题，分七章全面、系统、深入地阐释了军工文化的科学体系、丰富内涵、精神实质、实践要求，编写了工作实例。本书观点鲜明、条理清楚、论述严谨，具有较强的理论性、前瞻性和创新性，既可以作为军工文化理论研究人员、军工文化从业者和爱好者的参考书，也可以作为大学生教育的辅助读物。

包丽颖

目 录

第一章　军工文化概述 ……………………………………………（1）

　　第一节　军工文化的内涵 ……………………………………（1）
　　第二节　军工文化价值体系 …………………………………（4）
　　第三节　军工文化的历史形成与发展 ………………………（16）

第二章　军工文化的理论基础 ……………………………………（35）

　　第一节　文化与文明 …………………………………………（35）
　　第二节　马克思主义文化理论 ………………………………（38）
　　第三节　组织文化理论 ………………………………………（43）

第三章　军工文化的结构和地位 …………………………………（59）

　　第一节　军工文化的基本结构 ………………………………（59）
　　第二节　军工行业各主体文化结构辨析 ……………………（61）
　　第三节　军工文化与军工企业文化的关系 …………………（64）
　　第四节　军工文化的社会功能 ………………………………（80）

第四章　军工特色文化 ……………………………………………（85）

　　第一节　军工保密文化 ………………………………………（85）

第二节　军工安全文化……………………………………（92）
　　第三节　军工质量文化……………………………………（105）
　　第四节　军工型号文化……………………………………（111）
　　第五节　军工创新文化……………………………………（117）

第五章　军工文化建设……………………………………………（125）
　　第一节　军工文化建设面临的形势………………………（125）
　　第二节　军工文化建设存在的问题………………………（129）
　　第三节　加强新时代军工文化建设的指导思想和原则……（130）
　　第四节　新时代加强军工文化建设的主要措施……………（132）

第六章　军工文化建设的评估与培训……………………………（141）
　　第一节　军工文化建设的评估……………………………（141）
　　第二节　军工文化的培训…………………………………（151）

第七章　军工文化建设实例………………………………………（155）
　　第一节　保密文化实例：特色保密文化　锻造陕飞之魂……（155）
　　第二节　安全文化实例：特色安全文化　永续
　　　　　　"江南长兴"………………………………………（158）
　　第三节　质量文化实例：特色质量文化　塑造"重工"
　　　　　　品牌………………………………………………（161）
　　第四节　型号文化实例：特色型号文化　彰显拼搏精神……（164）
　　第五节　创新文化案例：特色创新文化　智慧经略海洋……（167）

参考文献……………………………………………………………（171）

后　　记……………………………………………………………（180）

第一章

军工文化概述

军工文化是中国共产党领导人民在革命、建设和改革中形成的宝贵精神财富，也是体现中国共产党精神的重要载体。军工文化吸纳了中华民族五千多年文明历史所孕育的中华优秀传统文化精髓，锻造于党领导人民在革命、建设、改革中创造的革命文化和社会主义先进文化之中，植根于人民军工和国防科技事业发展的伟大实践之中。军工文化是彰显中国文化自信的文化，也是鼓舞党和人民不忘初心、继续前进的富于强大社会感召力的文化。

第一节 军工文化的内涵

一、军工文化的概念

从字面含义上看，所谓"军工文化"，是指军事工业中的文化、军事工业创造的文化。首先，它是一种文化类型。按照《中国大百科全书》的定义，广义的文化是指人类创造的一切物质产品和精神产品的总和；狭义的文化专指包括语言、文学、艺术及一切意识形态在内的精神产品。其次，军工文化离不开军事工业，没有军事工业就没有军工文化。所以，军事工业是军工文化有形的物质基础和先决条件，军工文化随着军事工业的发展而发展。军工文化属于行业文化，即军工行业文化。因此，可以这样来定义军工文化：军工文化是国防科技工业系统在长期的建设与发展实践中形成的以"热爱祖国、无私奉献，自力更生、艰苦奋斗，大力协同、勇于登攀"的"两弹一星"精神和"特别能吃苦、特别能战斗、特别能攻关、特别能奉献"的载人航天精神为核心内涵的物质和精神文明成果，是渗透到全行业的思想观念、价值取向、法规体系和行为规范等的集中反映，是爱国主义、集体主义、社会主义和革命英雄主义在国防科技工业战线的生动体现。

从历史维度来看，军工文化可以分为古代和现代两种历史形态。古代军事工业源远流长，可以追溯到文明之初。伴随着兵器生产的出现，与之相配套的价值体系、制度安排、操作规范和技术工艺等文化因素也逐渐开始出现。之后，随着古代军事工业的不断发展，古代军工文化逐渐形成。18世纪末产业革命之后，热兵器取代了冷兵器，近代军事工业兴起。20世纪初，专门从事武器装备生产的现代军事工业部门开始在各国出现。军事工业现代化进程，改变了军工文化的存在形态，使其逐渐向现代军工文化转变。

虽然清朝末年洋务派就开始兴办军事工厂，但是中国的现代军工体系在中华人民共和国成立以前并没有真正建立起来。作为一个完整的工业部门，现代军事工业是由我党领导各族人民建立起来的。作为一种现代文化样式，中国现代军工文化也是在我党领导之下逐步形成的。从领导武装革命斗争之初，党就非常重视建设自己的军事工业。延安时期，党先后建立了几十家小规模的军工厂。中华人民共和国成立以后，军事工业从非常薄弱的基础上起步，发生了翻天覆地的变化。经过数十年的发展，已经建立起门类比较齐全、布局比较合理、具有相当规模的教学、科研、试制、试验和生产能力的国防科技工业体系。20世纪90年代末，我国对武器装备供需管理体制进行了重大调整和改革，对国防科技工业进行行业管理，军事工业进入了一个全新的发展阶段。伴随着军事工业的发展和壮大，我国的军工行业也形成了与传统不同的独特行业文化。严格地说，我们讨论的"军工文化建设"中的"军工文化"指的是中国现代军工文化,即我党领导的军事工业所承载的特定行业文化。

按照不同的划分标准,军工文化可以划分成不同的类型。根据军工单位性质不同,军工文化可以细分为军工企业文化、军工院所文化、军工校园文化、军工政府机构文化等;根据业务内容不同,军工文化可以细分为军工生产文化、军工销售文化、军工质量文化、军工科研文化、军工宣教文化(包括国防教育)等;根据军工部门不同,军工文化可以细分为核工业文化、导弹文化、坦克文化、军用舰船文化、军用航空航天文化等。不同的地域特色也给当地军工文化打上了独特印记,因而形成了陕西军工文化、山西军工文化、"三线"军工文化等与地域有关的不同特色的军工文化。

二、军工文化的特征

与其他文化相比,军工文化主要有以下三个特征(见表1-1):

表1-1 军工文化特征

军工文化特征	顺应潮流,始终保持先进性
	求真务实,始终弘扬科学精神
	制度严明,始终强调组织纪律性

1. 顺应潮流,始终保持先进性

军工文化是伴随着我军的产生、发展而不断发展起来的,汲取了人民军队的先进性因素,是社会主义先进文化的重要组成部分。历史上,军事工业曾经多次走在中国革命和社会主义建设的前列。延安时期,军工战线在极其艰苦的条件下奋力生产,为抗日战争的胜利做出了重要贡献。中华人民共和国成立后,军工行业众志成城,取得了"两弹一星"的成绩,并开始了其他先进武器装备的研制生产工作,为保卫新中国立下了汗马功劳。进入21世纪,军工行业自觉学习和实践"三个代表"重要思想和"四个坚持"的重要指示,树立和落实科学发展观,在夺取"两个攻坚战"的实践中实现了行业扭亏解困,并取得了以载人航天飞船为代表的一系列辉煌成绩。军工行业始终走在时代前列，顺应了历史潮流，保持了先进性特征。军工文化的先进性特征还辐射到整个社会中，影响了人们的精神面貌和思想境界，极大地促进了社会主义先进文化的发展。

2. 求真务实，始终弘扬科学精神

当代军事工业是科技含量极高的产业，与最新科技发展密切相关。在现代高技术战争条件下，武器装备的先进与否对战争胜负所起的作用越来越大。要打赢现代技术特别是高技术条件下的局部战争，不懂得高技术、缺乏高技术知识是不行的。因此，国防科技工业战线非常注重科技的开发与运用，从而培育了军工文化注重科学精神的特殊品格。军工人敢于追求真理，崇尚严谨认真，坚持脚踏实地，是军工文化科学品格在个体身上的具体体现。军工文化的科学精神还体现在对国际国内局势的科学判断、国防科技工业的科学布局、领导管理体制的科学构建、军工产品的科技含量、军工科研生产的科学理念等许多层面。从某种意义上说，没有科学精神，就不会有军工文化。所以，弘扬科学精神，努力推进军工科技发展，一直都是军工文化的重要特征。

3. 制度严明，始终强调组织纪律性

军事工业与军队联系紧密，军队文化对军工文化影响较大。军工文化的主体是全体军事工业人员，其中相当一部分是从部队转业到地方工作的。在许多军工单位中，部队长期有人驻扎指导、协调工作。有些军工单位，历史上曾经隶属部队。所以，许多军队文化的因素潜移默化地移植到了军工文化之中，使之表现出强调组织纪律性的特征，具体表现为把国家利益、国防利益放在第一位，自觉保守国家秘密，服从党组织的领导，令行禁止，制度严明。这种强调组织纪律性的特征，使得军工单位特别有战斗力，敢于、善于克服各种困难。

第二节　军工文化价值体系

一个国家、一个民族、一个社会、一个行业在长期共同的实践活动中，必定会形成一定的价值观念体系，在这个体系中居于核心地位、起主导和统领作用的就是其核心价值体系。任何国家、民族、社会、行业都有自己的核心价值体系，它是一定的国家、民族、社会和行业得以运转、一定的秩序得以维持的基本精神依托。军工文化的核心价值体系，就是军工行业和军工人的基本精神依托，是国防科技工业的内在精神之魂。

一、军工核心价值体系

军工核心价值体系是社会主义核心价值观在国防科技战线的生动体现。一方面，社会主义核心价值观是社会主义意识形态大厦的基石，是社会主义文化建设的根本，同样也是包括军工文化建设在内所有行业文化建设的根本。另一方面，不同的行业有着不同于其他行业的实际情况，社会主义核心价值观在不同行业的表现形式也会有所差异。作为社会主义核心价值观在军工行业的表现形式，军工核心价值体系有自己的特色，这种特色正是社会主义核心价值观在国防科技工业战线的具体体现。

军工核心价值体系是整个军工文化的基础。核心价值体系是军工文化的核心，它决定和影响了军工行业存在的意义和目的、各项行业制度的价值和作用、军工组织成员的行为方式和行业内的利益关系，为军工行业的生存和发展提供了基本的方向和行动指南，为军工人形成共同的行为准则提供了可能。

军工核心价值体系是军工行业团结奋斗的共同思想基础。共同的思想基础是一个行业赖以存在和发展的根本前提，没有共同的思想基础，军工行业就可能不团结，甚至可能要瓦解。我们要对军工行业的共同思想基础做出科学的概括，明确其基本内涵，使之更容易为全行业理解和把握。长期以来，伴随着国防科技工业的战略调整，军工组织成员的思想观念和价值观念不断受到冲击，提炼和建设核心价值体系将会推动全行业更加自觉地维护行业的共同思想基础。

提炼军工核心价值体系，有利于军工人思想道德的共同进步。目前，我国还处于社会主义初级阶段，人们的思想观念、道德意识、价值取向越来越呈现出层次性和多样性。这种状况在国防科技工业战线也同样存在。在思想道德建设上，一定要从实际出发，既要鼓励先进，又要照顾多数，把先进性与广泛性结合起来。军工核心价值体系既体现了思想道德建设上的先进性要求，又体现了广泛性要求，反映了军工人一致的愿望和追求，是联结全体军工人的精神纽带。

从党领导下的军工事业和国防科技工业的历史发展中，可以提炼出军工核心价值观即"国家利益至上"，这也是军工核心价值体系的中心。国防科技工业强烈的政治、军事职能和使命决定了军工行业在其发展的进程中，必须正确处理好国家利益与行业利益、企业利益的关系，要从国家利益的大局出发，时刻把为国防提供最先进的、最可靠的武器装备和最优质的服务，以保障国家安全需求作为军事工业的核心价值观。这个中心在任何时候都不能动摇。

"国家利益至上"是爱国主义在国防科技工业战线的集中体现。列宁认为："爱国主义就是千百年来固定下来的对自己祖国的一种最深厚的感情。"爱国主义的基础是人们在长期的社会实践中形成的对祖国无比忠诚和热爱的深厚情感，它是一种关于个体与祖国关系的理性的、整体的和有机的知行系统，包括热爱祖国的心理情感、理性认识、价值观念、行为方式、社会思潮和社会运动等方面的基本内容。爱国主义对外主要表现为民族自信心、民族自尊心和民族自豪感，对内表现为肯定个体与社会的统一、肯定社会先于个体并在此基础上形成的义务感，包括崇高的社会责任感和历史使命感。爱国义务感要求人们把关心祖国的前途和命运视为自己义不容辞的职责，把祖国的兴衰、荣辱看成与自己休戚相关的事情，把个人利益、群体利益服从祖国利益看作自己应尽的义务。因此，军工人始终如一地奉行"国家利益至上"的最高宗旨，坚持个人利益、企业利益服从国家利益不动摇，正是爱国主义在军工人、军工行业中的集中体现。

展开来讲，"国家利益至上"的核心价值观包括了以下五个方面的基本内容：

1. 爱党爱国，服务国防

军事工业从诞生那天起就与救亡图存联系在一起。清末民初，国势衰弱，面对西方列强的坚船利炮，中国人民开始兴办自己的军事工业。一百多年来，中国军事工业从无到有，从小到大，从弱到强，其爱国主义传统始终不曾改变。在我党的领导下，中国军事工业的发展突飞猛进，在抗日战争、抗美援朝中，为保卫祖国做出了巨大的贡献。中华人民共和国成立之初，我国物质技术基础还十分薄弱，许多科学家毅然放弃国外的优厚条件，义无反顾地回到祖国，投身于国防建设之中，甘当无名英雄，有的甚至献出了宝贵的生命。在他们身上，集中体现了军工人爱党爱国、保卫祖国、服务国防的军工爱国精神。

2. 团结协作，服从全局

事实上，任何一个军工项目都是一项系统工程，需要大规模的协作配套才能完成。同时，长期的科研生产以及军队作风的影响，使军工人形成了大力协同、团结奋斗的集体意识、大局意识和团队意识。军工建设必须服从国家经济建设和国防现代化建设的需要，服务于新军事变革的需要，正是在服务于大局的过程中，军工文化才得以形成。这一过程是自觉自律的过程，体现了军工行业集体主义精神的境界和情操。

3. 无私奉献，忠诚敬业

延安时期，为了支持抗日战争，军工人舍身忘我，坚韧不拔，为了军工事业奉献一切，甚至包括自己的生命。中华人民共和国成立以后，根据当时国际国内形势的需要，军工人响应党的"备战、备荒、为人民"的伟大号召，义无反顾地投身"三线"建设，谱写了一曲曲"献了青春献终身、献了终身献子孙"的浩然正气之歌。在新时期，军工人献身祖国国防科技事业，坚信献身军工能够使个人的目标和价值得以实现，使个人的聪明才智得以发挥，把军工奉献精神进一步发扬光大。

4. 艰苦奋斗，自主创新

中国共产党领导的军事工业是在国民党反动政府的封锁之下建立起来的，一直坚持"自力更生，艰苦奋斗"的宗旨，走自主发展的道路。延安时期，军工人就依靠自己，开动脑筋，结合实际搞科研，取得了许多成绩。中华人民共和国成立以后，面对美苏的技术封锁，军工人在极其艰苦的条件下研制出原子弹、氢弹和人造卫星，鼓舞了国家和民族的斗志。在新的历史时期，世界新军事变革不断深入，工业化的机械战争逐渐转向信息化战争，这就要求军事工业必须在研制高新技术武器方面领先一步。高新军事技术是买不来的，只能靠艰苦奋斗，自主创新。在这样的形势和任务面前，军工人练就了特别能攻关的本领，体现了军工创新精神的巨大力量。

5. 崇尚科学，精益求精

现代军事工业是科技含量极高的产业，与最新科技发展密切相关。在现代高技术战争条件下，武器装备的先进与否对战争胜负所起的作用越来越大。同时，军事工业是国家战略性产业，是国防现代化建设的重要基础，是维护国家安全的重要力量。在现代战争中，武器装备质量直接关系到部队的战斗力，关系到战争的进程，不能有一丝一毫的马虎。因此，"军工产品质量第一"是军工人始终坚持的方针。长期以来，军工人培养了高度的科学意识和质量意识，养成了实事求是、求真务实、严肃认真、严谨细致、稳妥可靠、一丝不苟的工作作风，体现了"崇尚科学，精益求精"的军工科学精神。

军工核心价值体系的一个"中心"和五个方面的基本内容，相互联系、相互贯通、有机统一，共同构成一个完整的价值体系。这个价值体系是相对稳定、长期起作用的，但又不是一成不变的，而是随着军工行业的发展而不断发展。这个体系也不是封闭的，而是开放的，必须要接受社会主义核心价值体系的指导，必须要吸收人类创造的一切先进、有益的思想文化成果，不断丰富和完善自己。更重要的是，军工文化核心价值体系必须在军工行业宣传推广，为广大军工人所感知、认同、接受和掌握，真正成为军工人精神生活的"主旋律"，成为军工行业发展进步的"生命线"。也就是说，军工文化核心价值体系（见表1-2）重在建设，是建设军工文化的关键。

表1-2 军工文化核心价值体系

一个中心	五个方面				
国家利益至上	爱党爱国，服务国防	团结协作，服从全局	无私奉献，忠诚敬业	艰苦奋斗，自主创新	崇尚科学，精益求精

二、军工核心价值观、军工文化与社会主义核心价值观的关系

党的十八大提出：倡导富强、民主、文明、和谐，倡导自由、平等、

公正、法治，倡导爱国、敬业、诚信、友善，积极培育和践行社会主义核心价值观。党的十九大报告进一步指出：坚定文化自信，推动社会主义文化繁荣兴盛。社会主义文化繁荣兴盛包括：牢牢掌握意识形态工作领导权；培育和践行社会主义核心价值观；加强思想道德建设；繁荣发展社会主义文艺；推动文化事业和文化产业发展。军工文化是在我国国防科技工业发展过程中凝练而成的具有独特气质的文化形态，其鲜明的文化特质和强烈的社会辐射效应对我国社会主义建设事业发挥了重大的作用。社会主义核心价值观与军工文化都是以马克思主义为理论基础，且都形成、提炼于马克思主义中国化的理论环境中。可以说，军工核心价值观与社会主义核心价值观关系密切，紧密融合。具体而言，主要体现在以下三个方面：

第一，军工核心价值观包含于社会主义核心价值观之中。

社会主义核心价值观24个字的表述意义深远而丰富，可以分解为三个层面。其中富强、民主、文明、和谐是基于国家层面的价值目标；自由、平等、公正、法治是立足于社会层面的价值取向；而爱国、敬业、诚信、友善则是基于中国公民个人层面的价值准则。社会主义核心价值观的内容承载了作为中华儿女对祖国深沉的热爱之情，饱含着炎黄子孙对国家未来发展美好蓝图的深沉期许，体现了中国传统文化中关于家国情怀悠远而浓重的历史情结。这三个层面以层层递进的形式将国家、社会与个人的发展融为一体，构筑了社会主义核心价值观的整体框架。社会主义核心价值观也是关于中国特色社会主义建设与国家发展目标的总体定位，它简练、综合而且高度概括地对各行各业以及公民个人提出了奋斗要求，又将国人关于"国"的情感认知与爱国情愫的主线贯穿于社会主义核心价值观的三个层面之中。国防科技工业作为我国发展中众多行业的一种，必然要体现社会主义核心价值观在"国家"发展层面的宗旨。因此，国防科技工业的发展定位也必将重合于社会主义核心价值观关于国家发展和中华民族未来的总体定位。换言之，国防科技工业的发展宗旨涵容在社会主义核心价值观的需求之中。

军工核心价值观是在我国国防科技工业发展的历程中经过历史沉淀而提炼出来的精髓与内核，其概括表述为"国家利益至上"。"国家利益至上"既是军工各行业、战线始终不渝坚守的理念,也是各历史时期军工精神的集中概括与抽象提炼。同时,"国家利益至上"又是军工文化建设围绕的中心,基于此中心的五大方面——爱党爱国、服务国防,团结协作、服从全局,无私奉献、忠诚敬业,艰苦奋斗、自主创新,崇尚科学、精益求精,是军工核心价值观在实践层面的具体表述,五大方面的内容与"国家利益至上"中心共同构成了军工核心价值体系。"国家利益至上"是自革命战争年代伊始军工人就时刻铭记的信条,是国防科技工业最高的行业诉求。这一核心诉求正是从一个侧面反映出军工文化作为一种文化形态矢志不渝、长期实践的核心价值理念,吻合了社会主义核心价值观中对于"国家"这一基本理念的表达,符合社会主义核心价值观对国家建设目标的利益追求,是包含于社会主义核心价值观中的一种文化内核。就此意义而言,社会主义核心观包含了军工"国家利益至上"核心价值理念,社会主义核心价值观是军工核心价值观的价值归属,而军工价值观则从属于社会主义核心价值观最高层面的价值标准。由此,可以说,军工"国家利益至上"核心价值观服务并服从于社会主义核心价值观的整体要求,也是实现中华民族伟大复兴中国梦的一个重要支撑。

第二,社会主义核心价值观引领军工文化的建设。

社会主义核心价值观对巩固马克思主义在意识形态领域的地位具有高屋建瓴的指导意义,对军工文化建设意义重大,其坚实而科学的理论基础为军工文化建设起到了导航作用。国防科技工业建设的最终目的是增强我国的国防实力,为实现社会主义核心价值观中所倡导的富强、民主、文明、和谐之国而努力奋斗。军工文化是国防建设的主要文化依托,其最终目标是践行社会主义核心价值观所倡导的社会主义文化理念,这也是军工文化建设必须要遵循的一大原则。因此,社会主义核心价值观为军工文化建设提供了大方向,无论其建设的内容与形式如何改变,军工文化建设都必须坚持社会主义的文化性质,在当今世界思想文化激烈交锋、社会主义市场经济的发展不断推进、思想意识多元多样多变的新形势下,牢牢立足于马克思主义理论的前沿阵地,使军工人树立中国特色社会主义的道路自信、理论自信与制度自信,为提升社会主义文化的建设水平、提升全社会的文明程度而服务,从而使军工文化日益成为创造人民美好幸福生活的一个有力政治文化保障。这既是孕育成长于新民主主义革命时期、在马克思主义中国化的理论环境中逐渐发展完善的军工文化自身的理论素质，也是社会主义核心价值观对于军工文化建设的理论要求。

社会主义核心价值观内容丰富，内涵深远，为军工文化建设提供了强大的动力，其中所深蕴的全面建成小康社会、实现中华民族伟大复兴中国梦的强大正能量，对军工文化建设尤其具有重要的时代引领意义。社会主义核心价值观三个层面的内容架构合理，从国家价值目标层面的"富强、民主、文明、和谐"到社会层面的"自由、平等、公正、法治"再到个人层面的"爱国、敬业、诚信、友善"的内容布局，由高到低地提出了我国未来的发展蓝图，而其中所包含的从宏观到微观的规划设计则折射出中国人对于我国建设成为强大的社会主义现代化国家以及美好社会的美好理想，同时社会主义核心价值观也提出了为了实现美好的理想，中国公民自身必须遵守的基本价值标准。社会主义核心价值观丰富了军工文化建设的内容，为军工文化建设注入了新活力，使军工文化建设能及时把握时代脉搏，自觉纳入、融汇与积淀新的理念，为塑造军工文化的精品提供了丰富的文化养料与滋养的沃土。

第三，军工文化的建设践行和培育社会主义核心价值观。

军工文化是社会主义核心价值观丰富内涵在国防科技工业战线最为集中的表现。在长期的历史发展中，军工文化最基本的特色体现为其内涵都打上了鲜明的军工特色——统领于"国家利益至上"的核心诉求之下，这也是军工文化区别于一般企业文化的根本特性。从内容构成而言，军工文化内容丰富，具体包括军工质量文化、军工安全文化、军工保密文化、军工型号文化和军工创新文化五个方面。无论是在中华人民共和国成立前的战争年代，还是在中华人民共和国成立后的各个历史阶段，在追求质量、安全、保密、型号与创新上的高标准、严要求都凝汇了军工文化最为基本的内容构成，而其中呈现出的坚韧与执着则是军工人长期坚守的文化品格。

军工文化是在国防科技工业建设领域中不断形成、发展并日益完善的社会主义文化，以马克思主义为理论依据，以五大内容为建设主体，成为我国国防科技工业发展的文化推动力,为我国的国防建设做出了巨大贡献,在当前世界多元化趋势加强的新态势与世界军事变革日益加速的新条件下,军工文化提升中国综合国力、文化软实力的作用日益突出。军工文化五大基本内容虽然是国防科技战线的行业文化建设内容,但却具体而生动地诠释了践行社会主义核心价值观的行动落实。社会主义核心价值观的立足点是面向现代化、面向世界、面向未来,而建设民族的、科学的、大众的社会主义文化是其题中应有之义。军工文化则是社会主义文化建设中的一支先进文化,它以独特的文化气质与文化风貌谱写了壮丽的历史篇章,具有强烈的社会辐射功能,鼓舞激励着无数国人为中国特色社会主义事业奋斗。军工精神对坚定中国人的理想信念、培育中华民族的实干精神具有示范意义;社会主义核心价值观强化了军工人内化于心、外化于行的人生追求,使其将自己的个人价值与社会主义核心价值观紧密融合在一起。军工文化承载了军工战线的优良传统和作风,唤醒了中国人强烈的民族自尊心、自信心、自豪感,激发了全体中国人的爱国热情和社会责任感,而基于延安精神、"两弹一星"精神和载人航天精神等所涌现出的国防科技工业各条战线中的鲜活事例和模范人物,则是社会主义核心价值观培育的典型案例,对推进我国公民教育、提高全社会的思想道德修养水平,营造爱岗敬业、诚实守信、团结友爱的社会主义建设氛围,培育社会主义的核心价值观具有积极的促进作用。

综上,军工核心价值观、军工文化与社会主义核心价值观具有共同的理论基础,马克思主义中国化的历史环境为二者提供了共同的理论氛围与提炼依据,军工"国家利益至上"的价值诉求包含于社会主义核心价值观最高层面的价值定位之中;社会主义核心价值观是军工文化建设必须秉持的大方向与基本原则,社会主义核心价值观的理论基础与内容布局为军工文化的建设注入了丰富的正能量的文化因素,对军工文化在实现中华民族伟大复兴的中国梦中如何最大限度地发挥自身的作用具有重要的导航意义;同时,军工文化是社会主义核心价值观具体内容在国防科技工业领域的集中展现,军工文化对践行和培育社会主义核心价值观具有实践意义。

三、军工核心价值观、军工核心价值体系与军工精神的关系

军工核心价值观、军工核心价值体系与军工精神皆是军工文化的重要组成部分,共同推进了军工文化的发展;军工精神、军工核心价值观、军工核心价值体系也是军工文化中最为关键的 3 个理论概念,它们之间密切相连,既有融合又有区别,构成了军工文化的理论框架。厘清三者之间的关系,对于军工文化理论研究与军工文化建设实践具有重要意义。

1. 从概念界定的区分看

军工核心价值观、军工核心价值体系与军工精神三者在概念界定上各有侧重。军工核心价值观是"国家利益至上",是中华民族的爱国主义传统在人民军工和国防科技工业战线的集中体现,是对各历史时期的军工精神所折射出的最鲜明、最核心的价值诉求的高度提炼与概括,是军工人的精神主脉。

军工核心价值体系是围绕军工核心价值观而展现出来的军工人价值追求的具体践行内容,包括军工人对质量、安全、保密、型号和创新等方面的价值追求。军工核心价值体系是对军工核心价值观在行为层次的解读,是对军工核心价值观"如何落地"的具体回答,是价值"践行"的生动写照,军工核心价值体系体现了军工文化不同于其他文化形态的独有特色。

军工精神是军工行业普遍认同的展现军工人人生追求与精神情怀的整体描述,是人民军工和国防科技工业发展中的各个历史时期所涌现出来的多种精神的综合性表达。2011 年,在纪念人民军工 80 周年时,张德江副总理将军工精神概括为:"自力更生、艰苦奋斗,军工报国、甘于奉献,为国争光、勇攀高峰。"

因此,军工核心价值观是对军工人最核心的价值理念抽象的归纳与提炼,侧重于对军工人精神主旨的表达;军工核心价值体系侧重于将军工核心价值观进行行为层次的解析,从军工核心价值观中剖析出具体的价值内涵。军工精神则侧重于对军工人在人民军工和国防科技工业发展各个历史时期所涌现出来的多种精神的共性特征进行的集中概括

和总结。

2. 从与人民军工的关系看

中国共产党领导下的人民军工事业至今已有80多年的辉煌历史，军工人用满腔的热忱铸就了人民军工事业，推动了人民军工从无到有、由弱至强的发展，在人民军工发展壮大的每一历史时期，时代主题虽有不同，但人民军工的每一次顺应时代需要的发展，都激发了军工人对国家和民族的深切关注，在军工事业不断发展的历史进程中，凸显和折射出军工人的精神主脉，将军工人对祖国利益的最高精神追求镌刻在了人民军工发展的史册上，提炼出了军工核心价值观——国家利益至上。

在人民军工不断发展的历程中，军工人对国家利益至上的最终追求、对军工核心价值观理念的践行都点点滴滴地内化在军工人具体的行为中，将军工文化核心价值观所承载的丰富内涵细化在日常的工作和生活中，在自己的岗位上用实际行动去践行热爱祖国的坚定信念、敢于超越的开拓意识、科学严谨的工作作风以及服从大局的高尚品格。军工人在质量、安全、保密、型号和创新等方面的价值追求构成的完整军工核心价值体系，伴随着人民军工事业的发展而日趋深化。

自1931年以来，军工人在艰苦的环境中探索人民军工事业的发展道路，推动了人民军工事业日益发展，正是军工人早期无畏的探索才成就了后来人民军工事业的辉煌。军工人在战争的烽烟中表现出的坚毅与对国家民族的高度责任感被永久地积淀下来，军工人在推动人民军工事业的不断行进中也提升了自己的精神境界，充实和升华了军工人特有的军工精神。

由此，人民军工是军工核心价值观的物质载体，也是军工核心价值观的实践前提；人民军工为军工核心价值体系和军工精神的衍生提供了生长的沃土；人民军工也为军工核心价值观、军工核心价值体系和军工精神的传承发展营造了现实环境。离开了人民军工，军工核心价值观只能是高高在上的理念，军工核心价值体系就失去了践行的实境，军工精神也就缺失了生存的土壤。因此，从军工核心价值观、军工核心价值体系和军工精神与人民军工的关系看，三者都与人民军工的发展历史息息相关，不可分离。

3. 从现实功能看

在现实生活中军工核心价值观、军工核心价值体系和军工精神的功能是有明显区别的。军工核心价值观是中心，也是最为关键与核心的精髓部分。人民军工尽管发展的时代主题不同，但是军工人心中都承载了对国家利益的最高追求，服从大局，无私无畏，甘于奉献，勇于创新，将卓越的政治素质、奉献精神、纪律意识践行在人生中，创造出军工史上一个又一个的辉煌。可以说，军工核心价值观是内核，是军工人最根本的和最精华的主题诉求。军工核心价值观的现实功能是彰显引领，是军工核心价值体系和军工精神形成的基础。

军工核心价值体系由军工核心价值观生发而来，诠释了军工核心价值观所包含的具体方面，将军工核心价值观的抽象概念转化为军工人为实现质量、安全、保密、型号、创新方面的高标准、严要求而奋斗的实际场景，生动再现了军工人对于军工核心价值观的理解和落实。因此，军工核心价值体系的功能是"践行"，是军工核心价值观在具体的现实中得以真正实践的重要保证，也是军工文化形成独有特色的重要保障。

军工精神源于军工核心价值观这一内核，是从军工人在落实军工核心价值体系的具体行动中所体现出的高尚情怀和优秀品质中总结而来的，是军工人精神风貌的高度提炼；军工精神反映出军工人最主要的精神诉求——军工核心价值观，"自力更生、艰苦奋斗，军工报国、甘于奉献，为国争光，勇攀高峰"是对军工核心价值观"国家利益至上"的具体解读。军工精神的现实功能是展现各个历史时期军工人在对军工核心价值观的具体践行中所表现出的精神与气质，从而为军工核心价值观的不断传承与发扬提供了精神层面的支持。

因此，军工核心价值观是中心，是把握着前进方向的内核，为军工核心价值体系与军工精神导航；军工核心价值体系与军工精神都源于军工核心价值观，前者是军工核心价值观在具体现实中得以真正实践的重要保证，也是军工文化独有特色形成的实践保障；后者则是军工人在对军工核心价值观的具体践行中所展现出的气质风貌的高度概括，是对军工核心价值观在各个历史时期的细化解读后的综合表述，为军工核心价值观的传承与发扬提供精神动力。军工精神、军工核心价值观和军工核心价值体系相互融合渗透，共同促进了军工文化的发展。

第三节 军工文化的历史形成与发展

军工文化是在中国共产党领导下伴随着人民军工事业的发展而形成的文化形态。1931年，官田兵工厂在中央革命根据地创建。它的建立是中国共产党领导下的人民军工事业的发端，也是我国国防科技工业的源头。在建设人民军工事业的豪迈征程中，军工行业积淀下来许多光荣的历史传统，积累了诸多宝贵的精神财富，逐渐形成了一种文化形态——军工文化。军工文化在历史的进程中，形成了自身鲜明而浓郁的特色，是中国文化宝库中绚丽的奇葩。在战争年代，军工文化激励着军工人为捍卫国家和民族的尊严无私奉献；在和平年代，军工文化以其特有的文化魅力感召着中华儿女为祖国腾飞奋力拼搏。在军民融合的时代背景下，军工文化也迎来了新的发展时期，具有了更加广阔的发展空间。

一、军工文化初步形成于第二次国内革命战争时期

第二次国内革命战争是指1927—1937年中国人民在中国共产党领导下进行的国内革命战争，是中国共产党开始独立领导武装斗争的时期，也是人民军工事业起步与发展的时期。同时，第二次国内革命战争时期又是军工文化形成的重要时期。在创建人民军队与发展人民军工事业的豪迈画卷中，在艰苦的战争环境中，一种中国共产党领导下的新的文化形态——军工文化逐渐形成。这一时期特殊的历史环境赋予了军工文化诸多的特征，这些特征是军工文化以后形成和发展中所传承的宝贵资源。第二次国内革命战争时期为军工文化的初步形成提供了重要的历史条件，总体而言，主要表现在以下两个方面：

1. 人民军队创建中的特色是军工文化初步形成的历史积淀

第二次国内革命战争时期是人民军队创建和发展的一个重要时期，人民军队创建中的特色也影响着军工文化的形成与发展。可以说，在军工文化的初步形成时期，融进了许多人民军队创建中的特色，这些特色伴随着人民军工事业的发展日益内化为军工文化形成过程中的历

史积淀。

1927年由于国民党右派叛变革命，大革命失败，中国共产党认识到要有自己的革命武装。南昌起义打响了中国共产党独立领导武装起义的第一枪。随着党对革命认识的不断深入，在创建人民军队的过程中，党非常强调革命组织纪律教育，严格的组织纪律性也是军工文化初步形成时期的突出特色。

毛泽东率领秋收起义的部队到达井冈山地区后，特别注意对部队官兵进行思想政治教育，强化组织纪律和人民军队为人民的思想意识。在进行纪律教育中专门制定了"三大纪律，六项注意"（后来"六项注意"又补充成为"八项注意"）。"三大纪律六项注意"对于人民军队严肃组织纪律，保障党的路线、方针、政策顺利地贯彻执行具有重要意义；"三大纪律六项注意"提高了人民军队的战斗力，培养了将老百姓利益时刻放在首位的新型的人民军队，对于培养鱼水情深的军民关系起到了重要作用。这种严明的组织纪律性与人民军队为人民的思想意识，深深地渗透在军工文化的形成过程之中。

同时，在党创建人民军队、开辟根据地的过程中，铸就了井冈山精神。井冈山精神的"坚定信念、艰苦奋斗，实事求是、敢闯新路，依靠群众、勇于胜利"的深刻内涵，是党在早期革命斗争实践中形成的优良传统，也是军工文化形成时期宝贵的文化资源。

1934年，中央红军的主力分别从福建长汀、宁化和江西瑞金、于都等地出发开始长征，实施伟大的战略转移。1935年10月，红军的三大主力一、二、四方面军在甘肃会宁等地会合，长征胜利结束。在长征过程中，红军克服无数的艰难险阻，与国民党军队展开生死搏斗，粉碎了国民党军队的围追阻截，实现了战略转移，在长征的过程中孕育了伟大的长征精神。长征精神，就是把全国人民和中华民族的根本利益看得高于一切，坚定革命的理想和信念，坚信正义事业必然胜利的精神；就是为了救国救民，不怕任何艰难险阻，不惜付出一切牺牲的精神；就是坚持独立自主、实事求是，一切从实际出发的精神；就是顾全大局、严守纪律、紧密团结的精神；就是紧紧依靠人民群众，同人民群众生死相依、患难与共、艰苦奋斗的精神。长征精神，是中国共产党人和人民军队革命风范的生动反映,是中华民族自强不息的民族品格的集中展示,是以爱国主义为核心的民族精神的最高体现。长征精神为中国革命不断从胜利走向胜利提供了强大精神动力。长征精神与井冈山精神极大地丰富了军工文化初步形成时期的内涵。

2. 人民军工事业的起步为军工文化的初步形成提供了历史平台

在粉碎国民党对于红军的第三次"围剿"后,1931年10月,根据毛泽东、朱德的批示和中央军委的决定,中国共产党在江西省兴国县兴连乡官田村创办官田兵工厂,这是党独立创办的第一家综合性大型兵工厂,修配和制造了大批武器,生产的弹药、地雷、手榴弹等和修配的枪支在战争中发挥了很大的作用,为武装红军做出了重大贡献。官田兵工厂是中国共产党领导下的人民军工的起点,此后,在各个革命根据地又相继创办了许多大小不等的兵工厂,这也是中国共产党领导下的最早的一批军工生产基地。从此,人民军工事业从无到有、由小到大、由弱到强,逐渐成长壮大,创造了可歌可泣的英雄业绩。中国共产党领导下的军工文化是紧密依托人民军工事业的发展而发展的,以此意义而言,官田兵工厂的建立也是军工文化建设的起点。从官田兵工厂的建立开始,在第二次国内革命战争的历史背景下,军工文化进入了初步形成期。

人民军工事业在开创中的一些特点也是军工文化形成时期的特点。官田兵工厂等军械所、兵工厂创建时的条件异常艰苦和简陋。在革命根据地,既要面对敌人的围追堵截,又要克服自然环境的恶劣,更要克服我军武器装备方面技术上的薄弱,攻克难关。军工人以坚强的意志和毅力,克服了难以想象的困难,发扬勇于拼搏的精神,把这种精神汇聚成强大的力量,成为战胜一切敌人和困难的武器,开创了人民军工事业。人民军工在最初创建中的这些特点也反映在军工文化的形成之中。军工文化中克服艰难险阻、勇于奋斗、顽强拼搏的文化因素就是在人民军工事业开创中积累的宝贵财富。这些财富随着人民军工事业的创建潜移默化地渗透在军工文化中,深化着军工文化的内涵,使军工文化在形成的初期就已经闪烁出耀眼的光芒。

对于中国革命而言,第二次国内革命战争时期是非常重要的时期,人民军队与军工事业的创建与起步是革命事业最终取得胜利的可靠保证。而在第二次国内革命战争时期的历史背景下初步形成的军工文化同样对中国革命与中国建设具有深远意义。第二次国内革命战争时期，伴随着人民军工事业的起步与发展，军工文化在形成中将人民军队创建与发展中的诸多特色内化为自身的文化积淀，又汲取了人民军工事业创建中的宝贵精神资源，从而为军工文化以后的发展奠定了坚实的理论和实践基础。

二、抗日战争时期军工文化发展的特点

从1931年九一八事变爆发至1945年日本宣布投降，是中华民族的全民族抗战时期。中国人民历经14年艰苦卓绝的抗争，终于赢得了抗日战争的胜利。在烽火连天的抗日战争时期，在党的领导下，军工文化的发展也进入了新的历史阶段，在内涵上表现出鲜明的特点。

1. 为战时服务，突出国家利益至上

抗战时期，中国共产党在敌后根据地领导军民进行斗争，抗日根据地成为军工文化成长的摇篮。在党的领导下，一切文化教育事业都围绕抗战的主题——为战时服务，这是抗战时期军工文化形成中最突出的特点。

抗战时期，军工文化建设更加注重弘扬艰苦奋斗的优良传统。在物质文化层面，注重为战时服务，建立兵工基地，解决抗战武器供应问题。全面抗战初期，我军武器十分匮乏，如何解决武器装备问题成为当时摆在中国共产党面前重要而紧迫的任务。毛泽东同志提出：每个游击根据地，都必须尽量设法建立小的兵工厂，办到自制弹药、步枪、手榴弹的程度，使游击战争无军火缺乏之虞。为此，党"把提高军事技术，建立必要的军火工厂，准备反击实力"作为"全中华民族的当前紧急任务"之一。兵工厂的建立锤炼出了一大批人才，耸立起一座中华民族不屈不挠的丰碑。

抗战时期，无论是前线还是后方，一切工作都围绕抗战进行，在党的号召下，抗日根据地的军民表现出强烈的责任感，他们不畏艰险，舍小家、保国家，一切从祖国和民族的利益出发，这种无私无畏的精神是抗战时期形成的最为鲜明的时代精神，体现出中华儿女强烈的赤子情怀，

也是此时期军工文化的重要特点。

2. 注重科学思想,体现长远战略意识

在极端困难的情况下,抗战时期的军工文化非常注重宣传科学理论,充分体现出崇尚科学的风尚和鲜明的科学性特征。抗战时期,党的领导人对科技思想和培养科技人才非常重视。毛泽东号召广大干部"多学一点自然科学",指出马列主义中包含许多自然科学知识,其中实事求是的思想就是追求科学精神的生动再现。毛泽东号召全党同志要理论结合实际,增强了解自然、克服自然、改造自然的能力。1939年5月,在抗日战争最为困难的时期,为了推进敌后抗日根据地的生产和建设,提高敌后抗日根据地的作战能力,为培养科学技术干部、发展抗日根据地的科学技术事业,中共中央决定建立延安自然科学研究院,也就是今天北京理工大学的前身。延安自然科学研究院在传播科技思想、培养科技人才方面发挥了非常重要的作用。延安自然科学院培养了中国第一代无产阶级的科学技术干部,这些优秀人才成为抗日根据地建设中的重要骨干力量。

延安时期,由于党进一步认识到科学是国力的灵魂,是社会发展的标志,尊重知识、尊重人才在文化建设中蔚然成风。1940年,延安自然科学研究会成立。在自然科学研究会成立大会上,毛泽东强调自然科学知识对于中国革命的重要意义,指出马克思主义包含自然科学,号召大家要来研究自然科学,否则世界上就有许多不懂的东西,那就不算一个最好的革命者。中国共产党也极为重视党的教育事业。除延安自然科学院之外,还创办了抗日军政大学、陕北公学、中央党校等学校,培育出大批的优秀干部和人才。这些优秀干部和人才有的奔赴前线,有的深入敌后,为抗日战争的最后胜利做出了重要贡献。

抗战时期,党对科学尤其是自然科学的高度重视,深化了军工文化形成中的科学报国思想,彰显了党在军工文化建设中长远的战略意识,充分显示出中华民族先进文化建设的伟大使命。

3. 重视文化宣传阵地建设,构筑文化建设平台

抗战时期,重视文化宣传阵地建设、构筑文化建设平台,是军工文化形成中的重要特色。

全面抗战中,党非常注重文化载体的宣传作用。围绕抗日救国的主题,党创办了一系列的报纸杂志,对于宣传党的抗日救国思想以及抗日民族统一战线政策具有深远的历史和时代意义。这些报纸杂志以团结全民、抗日救国为宗旨,以建立抗日民族统一战线为目的,呈现出抗战时期军工文化建设深刻的救国内涵。

以报纸杂志的创办为例,1937年12月,中共中央晋察冀分局机关报——《抗敌报》创刊,该报非常重视时事评论,设有"社论""军区要闻""一周时事""国际风云""边区生活"等栏目,还创办了《海燕》《老百姓》等副刊。在发行过程中,《抗敌报》突出宣传中国共产党的方针政策,报道战地新闻,是人民群众了解抗战的重要窗口。1938年,党在汉口创办《新华日报》,其创刊词中的"愿在争取民族生存独立的伟大的战斗中作一个鼓励前进的号角",有力地说明了该报创刊目的非常明确,那就是宣传抗日。创刊后,《新华日报》深刻揭露日本侵略者的罪行,及时、翔实地报道八路军和新四军抗敌的战地新闻,积极宣传党的抗日救国主张及抗战政策,成为抗战时期有力的宣传武器。

重视宣传阵地建设的效果是非常明显的。通过宣传,海内外人士及时了解了中国共产党的抗战主张、政策,保证了党与群众联系渠道的畅通;同时,在这个过程中也培养了一批优秀的宣传人才,形成了一支思想坚定、素质高的过硬的宣传队伍,是军工文化形成中的有利条件和可靠保障。

4. 文艺事业成就卓著,打造大众文艺突出特色

军工文化形成时期,作为党的军工文化重要组成部分的文艺事业有声有色,所体现出的文艺"为人民服务"的特色也愈加鲜明。在毛泽东发表的《在延安文艺座谈会上的讲话》中,提出了中国先进文化必须要反映和代表人民群众的根本利益,文艺要形式多样,生动活泼,易于为大众接受喜爱;在文艺创作的内容上要贴近大众,充分体现文艺为大众服务的宗旨。此后,大批文艺工作者组织了各种文艺宣传队深入基层进行创作和演出,将诗歌、小说、秧歌剧以大众喜闻乐见的形式和内容带到老百姓中间,"陕甘宁边区文化界抗日救亡协会"和"边区文化工作者救亡协会"等文艺组织也深入民众,积极宣传抗日,不仅丰富了边区老

百姓的文化生活，更为重要的是用文艺作品鼓舞人民、激发斗志，为争取抗战的最后胜利做出了卓越贡献。

抗战时期部队的文艺建设也是当时军工文化建设的一项重要内容。在中华民族的危难时刻，文化建设与战争、生产相结合，时代特色鲜明。毛泽东等人特别指出在战争年代文化建设对于军队发展的重要意义，要求军队建设与文化建设要紧密结合，强调没有文化的军队战胜不了敌人。此后，在我军的军队建设中加大了对广大战士的教育力度，采用多种多样的文艺形式提高军队的文化素质，提高广大官兵的修养。部队的文艺建设同样丰富了抗战时期军工文化建设的内容。

抗战时期，军工文化建设是党领导下的新民主主义文化建设的重要组成部分。延安整风运动后，全党提高了马克思主义水平，确立了马克思主义对新民主主义文化的指导地位。毛泽东同志指出："新民主主义的文化，只能由无产阶级的文化思想即共产主义思想去领导，不是任何别的阶级的文化思想所能领导得了的。"中国共产党在领导军工文化建设的过程中，始终坚持马克思主义的指导地位，坚持对文化的领导权，时刻将人民与国家的利益放在首位，为解放战争时期的军工文化建设奠定了坚实基础。

5. 历经风雨，铸就延安精神

延安是中国革命的圣地。1935—1948年，中国共产党中央委员会在陕北领导中国革命近13年，这13年是中共党史上非常重要的延安时期。这段时期内，在毛泽东等老一辈革命家的领导下，在革命和建设中逐渐形成了自力更生、艰苦奋斗、实事求是、全心全意为人民服务的延安精神。延安精神是中华民族自强不息、勇往直前的民族精神，是中华民族精神的宝贵财富。延安精神是中国共产党人经过长期革命实践和精神积累形成的，作为一种精神支柱，具有经久不衰的生命力，培养和教育着一代又一代中华民族的优秀儿女。延安精神进一步丰富了军工文化的内涵，在军工文化形成中起到了继往开来的历史作用。

抗战时期是军工文化发展的重要历史时期。在抗战过程中，军工文化已经形成为一种文化形态。在民族危亡的历史时刻，军工文化以爱国救亡为时代主题，捍卫中华民族的尊严。在民族文化的危急时刻，军工文化浓重的使命感生发出清醒的民族意识和深沉的责任感，经战火和硝烟的锤炼日益厚重，毅然承担起捍卫民族文化尊严的重任，凸显了军工文化在延续源远流长的中华文明中的重要地位，经过抗战战火的洗礼，军工文化日渐成熟，为继续发展提供了有利条件。

三、人民解放战争时期的军工文化发展

1945 年抗日战争胜利后，建立一个什么样的国家成为当时中国的重要议题。为了争取和平，避免内战，在中国共产党的坚持和斗争下，国共两党于 1946 年 1 月正式签订了停战协定。然而在完成了内战的准备之后，国民党方面撕毁了停战协定和政协决议。1946 年 6 月，国民党军队围攻中原解放区，向解放区发动了全面进攻，人民解放战争也由此开始。在解放战争时期，我军克服了双方力量对比悬殊的劣势，在人民解放战争的战场上勇往直前，1948 年开始，中国人民解放军先后进行了辽沈、淮海、平津三大战役，基本上消灭了国民党军主力。1949 年 4 月，人民解放军横渡长江，解放了南京，宣告了国民党统治的覆灭，最终赢得了人民解放战争的伟大胜利。军工文化中在战火中孕育、成长的艰苦奋斗、无私无畏精神是人民解放战争胜利的重要因素。

人民解放战争时期是军工文化发展历程中的又一个重要时期。在抗日战争时期已经逐步成型的军工文化在人民解放战争时期获得了进一步发展，为中华人民共和国成立后军工文化的发展与建设奠定了基础。抗战时期，毛泽东曾经提出建设"民族的、科学的、大众的文化"，这是新民主主义文化的建设纲领。人民解放战争的军工文化发展依然是在新民主主义文化的历史范畴之内。此期的军工文化是围绕人民解放战争、建立一个新生的民主共和国、实现中国光明前途的主题而进行的，在内涵上有所丰富。概言之，人民解放战争时期的军工文化发展主要体现在以下 5 个方面：

1. 继续弘扬人民军队的光荣传统、更加注重军民团结是此期军工文化建设的突出亮点

在解放战争期间，人民解放军注重严整军纪。1947 年，毛泽东起草了《中国人民解放军总部关于重新颁布三大纪律八项注意的训令》，对其

内容做了统一规定，对于争取广大人民群众的支持、实现解放战争的最后胜利起到了推动作用。在整个战争期间，无论在前线还是后方，人民群众都从人力、物力和财力上积极支援解放军。人民群众自发组织的担架队、运粮队等在解放战争时期发挥了很大作用，表现出老百姓对人民军队的热爱；解放军在解放上海等大城市的过程中，表现出了严格的组织纪律性，露宿街头、不扰民乱民、不拿群众一针一线的朴实作风赢得了广大民众的赞誉。解放战争时期，人民解放军战士充分发扬了人民军队的优良传统，更加巩固了军民一家亲的鱼水情谊。从文化的角度而言，这种深厚的情谊深刻地体现出军工文化扎根于人民群众的文化品格，而这种文化品格在人民解放战争时期无疑是更加凸显了，同时也加强了军工文化的民主基础。

2. 对军工生产与部队建设的重视强化了军工文化的特色

人民解放战争时期，为充实人民解放军的战略装备，军工生产依然受到重视。晋察冀等各解放区的军工生产发展迅速，生产大量炮弹、炸药、手榴弹等战略物资保障作战需要。这一时期，军工物品的数量与质量都有明显进步，尤其是注重科技研发，提高产品的作战性能。人民解放军军工生产浓郁的质量意识，使解放战争时期的军工生产较抗日战争时期逐步完善，军工生产的组织机构逐步健全，各项规章制度也逐步出台，为人民解放战争赢得最后的胜利做出了贡献。同时，为配合战事需要，党号召全军指战员努力提高军事指挥艺术与自身素质修养，为人民解放战争的胜利奉献力量；从1947年开始部队开展了整军运动，通过整军运动加强了部队团结，实现了部队的政治、军事、经济民主，极大地提高了部队的作战能力。军工生产的进步与军队建设在一定程度上不断丰富着军工文化的内容，使得军工文化在这一时期的自身特色更加鲜明。

3. 继续推进宣传阵地建设、注重文艺工作是此期军工文化发展中的重要内容

在党的领导下，除出版抗战时期创刊的部分报纸杂志外，解放区还相继创办出版了一些报纸杂志。以延安新华广播电台为代表的解放区广播，配合军事斗争积极开展宣传工作，深入宣传爱国和民主思想，让党内外人士充分了解我党的政治主张，提高干部和群众的思想觉悟。同时，

与宣传工作相配合，解放战争时期，还创作了大量优秀的文艺作品，以反映部队、工厂、农村为题材的作品不断涌现。这些作品主题积极向上、意义深刻，形式通俗易懂，赢得了广大群众的喜爱，既丰富了群众的生活，也起到了非常重要的教育作用，进一步展现了军工文艺源于生活、高于生活、服务大众的特点。

4. 解放区教育事业的蓬勃发展为军工文化的发展提供了良好条件

解放战争初期，解放区的教育施行战时教育方针，注重充分调动教育战线的力量。如 1946 年 12 月，在党的号召下，陕甘宁边区政府号召各级学校及一切社教组织在解放战争时期应即刻动员起来为战争服务，体现出文化教育工作的战时特点。解放区的教育围绕人民解放战争而展开，为争取人民解放战争的最后胜利奠定了必要的基础，在这一过程中，形成于第二次国内革命战争、抗日战争时期的军工文化特色继续得到传承与发扬；伴随着解放战争胜利形势的发展，解放区教育工作者的任务是培养一大批具备坚定的革命思想、有文化、懂技术的知识分子，注重培养文化骨干力量和专门人才，体现出为解放战争胜利后国家建设的需要而培养人才的特点。这一时期解放区的许多大学在培养人才上成就比较突出，使得大批即将从战争年代走进新中国的人才身上凝聚了军工人的优良品质，他们以自己的亲身经历为中华人民共和国成立后军工文化的建设积累了丰富的经验。

5. 夯实理论根基是人民解放战争时期军工文化发展中的重要方面

尤其需要指出的是，在党的领导下，各级干部深入学习马列主义，从组织、思想、作风方面提高觉悟，克服主观主义和官僚主义等不良倾向，进一步坚持从实际出发来制定各项工作方针。中国共产党集体智慧的结晶、马克思主义同中国革命实际相结合的第一次历史性飞跃所产生的理论成果——毛泽东思想在这一时期对于中国革命的影响日益突出。此时期的史学界，也更加突出了以马克思主义为指导的研究方向。所有这些都进一步夯实了军工文化的理论根基。

人民解放战争时期是军工文化的重要发展期。军工文化在抗战时期成型的基础上继续发展。应该说，这一时期军工文化的发展期继承了第二次国内革命战争时期、抗日战争时期军工文化发展的优秀成果，从人民军队与人民群众的血肉联系中汲取了丰富的营养,自身的文化品质愈加鲜明。从文化发展的继承性而言,人民解放战争时期军工文化的发展必将对中华人民共和国成立后军工文化的不断完善产生深远的影响。

四、中华人民共和国成立后军工文化的发展

中华人民共和国成立后,尤其是改革开放以来,在党和国家的重视下,高科技尖端领域研发的拓展与深化为国防科技工业的发展提供了可靠的科技平台。我国国防科技工业的各项建设成就都令人瞩目,与国防科技工业的飞跃发展同步,走过第二次国内革命战争时期、抗日战争时期、解放战争时期的军工文化也进入了一个新的历史发展时期,在新的时代背景下提炼出新时期的深刻内涵,日益成为推动国防科技工业可持续发展的重要力量。

1. 三线建设与"三线精神"

中华人民共和国成立初期,面临的国际形势不容乐观。世界强权国家对新生的共和国进行了政治封锁,经济上实行禁运,在军事上更是采取扼杀政策。为应对当时复杂而严峻的国际政治局势,建立起军工科技体系,党中央做出重要战略决策,根据国防的战略需要,出台了"深挖洞,广积粮,备战备荒"的三线建设的战略性部署。具体而言,三线建设就是指从1964—1980年国家在内地的十几个省、市、自治区开展的大规模的基本建设,这项基本建设的中心是战备,基础为国防科技与工业交通,重要的目的是提升我国的国防实力。在这一重要战略部署下,新中国把一些原来在东部相对发达地区的企业西迁,其中包括军工的一些行业迁到西部和西南部山区,在广大中部、西部和西南部的偏僻山区建设了一批军事工业基地。党中央对于三线建设非常重视,在党的领导下,三线建设成就比较突出。新建、扩建与续建的大中型项目数量多,完成质量好。在航空航天、兵器工业等基地建设的领域中取得了可喜的成绩。通过三线建设,中华人民共和国成立初期建立了实力比较雄厚的军工生产基地和一批在当时而言比较尖端的科研试验基地,为新中国国防科技工业的继续发展奠定了一定的基础。

在三线建设中,军工人用坚毅与执着谱写了三线建设的动人篇章,

形成了可贵的三线精神。三线建设的条件异常艰苦，面对恶劣的自然环境，坚强的军工人没有畏惧，几代军工人在"备战备荒为人民""好人好马上三线"的时代感召下，跋山涉水，赶赴荒凉的大西南、大西北，在戈壁滩、在山沟里，开始了三线军工厂的建设事业。他们不怕苦、不怕累，战天斗地，发扬了敢于斗争、不怕牺牲、无私奉献的高尚精神，甚至付出了生命的代价，为新中国建起了多个大中型工矿企业、科研单位和大专院校，用宝贵的青春和热血，经过顽强的拼搏，终于建立起新生共和国的军工科技体系。三线建设时期，军工人在默默无闻中熔铸了"献了青春献终身、献了终身献子孙"的三线精神，军工人就是用这种精神激励着自己为新中国的国防科技事业做出了卓越贡献。这种精神是三线军工事业的宝贵精神财富，丰富了军工文化的内涵，是军工文化在中华人民共和国成立初期新的发展。

2."两弹一星"与"两弹一星"精神

1964年10月16日，在中国西北的核试验场地，中国自行研究、设计、制造的第一颗原子弹装置爆炸成功。1967年6月17日，中国第一颗氢弹试验成功，成为世界上第4个掌握了氢弹制造技术的国家。从第一颗原子弹试验成功到第一颗氢弹试验成功，中国只用了两年零8个月的时间。1970年4月24日，我国用自行研制的长征一号运载火箭成功地将东方红一号人造地球卫星送往太空。从此以后，中国的火箭和卫星发射一次次成功的事实，令世人瞩目，也使中国成为真正的航天大国。"两弹一星"是中国在核技术和航天技术领域所取得的巨大成就，"两弹一星"更意味着一种精神，这种精神是中华民族精神的传承，是几代科研工作者写下的一部不朽的历史鸿篇，是永远值得中国人民发扬的民族之魂。新中国的"两弹一星"是共和国的科研人员在这片"一穷二白"的土地上创造的令全世界为之瞩目的光辉业绩，他们默默奉献，甘做无名英雄，在荒凉的戈壁滩，完成了繁重的计算和无数次烦琐的试验。中国人民依靠自己的力量创造了令世人瞩目的辉煌成就。

在"两弹一星"的研制过程中，广大科研人员充分发扬了"热爱祖国、无私奉献，自力更生、艰苦奋斗，大力协同、勇于登攀"的"两弹一星"精神，克服了难以想象的艰难险阻，以祖国和人民的利益为最高利益，默默无闻，以其惊人的毅力和高昂的爱国主义精神创造着令人瞩目的业绩。他们凭着非凡的气魄和为国争光的坚定信念，战胜严寒酷暑，创造条件，刻苦钻研，勇于探索、勇于创新，实现了科技攻关，为中国国防科技事业的发展做出了新的贡献。"两弹一星"精神是中华民族精神的宝贵财富，为军工文化的发展注入了新的时代内涵，鼓舞着中国人民为国家和民族的发展而努力奋斗。

3. 载人航天工程与载人航天精神

中华人民共和国成立以来，在党中央、国务院领导下，在各部门的通力配合下，中国航天事业坚持走中国特色的自主创新道路，经历了从无到有，从小到大，从研制探空火箭到具备研制发射各种卫星和载人飞船的能力的发展历程。经过无数默默无闻的科研工作者的辛勤工作，中国的航天技术已跻身于世界先进行列。

1992 年，载人航天工程列入国家计划。经过广大科技人员和工人的顽强拼搏，2003 年 10 月发射并回收了神舟五号载人飞船，取得首次载人航天飞行的成功，标志着中国已跻身世界三大宇航强国之列。中国实现了首次载人航天，圆了千年的飞天梦想，成为世界上第 3 个独立开展载人航天的国家。2005 年 1 月开始实施的绕月探测工程，开始了中国航天向深空探测的第一步。2005 年 10 月 17 日，我国自主研制的神舟六号载人飞船顺利返回，中国取得了载人航天的又一次胜利。

载人航天工程的胜利就是凭着"特别能吃苦、特别能战斗、特别能攻关、特别能奉献"的载人航天精神。载人航天精神具有丰富的思想内涵和鲜明的时代特征。2005 年，胡锦涛曾将载人航天精神的思想内涵高度概括为：热爱祖国、为国争光的坚定信念；勇于攀登、敢于超越的进取意识；科学求实、严肃认真的工作作风；同舟共济、团结协作的大局观念；淡泊名利、默默奉献的崇高品质。载人航天精神是"两弹一星"精神的传承和升华，载人航天精神是军工精神的重要组成部分，是伟大民族精神的延伸和扩展。

除此之外，中华人民共和国成立后至党的十八大召开之前，我国人民解放军的军队建设也成就卓然。人民解放军是捍卫祖国和中华民族尊严的钢铁长城，在不断加强建设的过程中，部队也将中国军人的豪迈气质和与人民血肉相连的军民情怀更加具体深入地融入军工文化的发展与完善之中,从而丰富着新时期军工文化的内容。可以说,在自身发展的过程中,军工文化以其独特的魅力不仅成为国防科技工业可持续发展的重要力量,也以强大的社会辐射力积极影响着中国的建设。

五、新时代国防科技工业发展及军工文化建设

1. 中国特色社会主义进入新时代是军工文化建设的时代背景

2012 年 11 月 8 至 14 日,中国共产党第十八次全国代表大会在北京举行。大会阐明中国特色社会主义的总依据是社会主义初级阶段,总布局是经济、政治、文化、社会、生态文明建设五位一体,总任务是实现社会主义现代化和中华民族伟大复兴;阐明中国特色社会主义道路、理论体系、制度的科学内涵及其相互关系;明确提出夺取中国特色社会主义新胜利必须牢牢把握的八项基本要求,要求全党坚定道路自信、理论自信、制度自信。十八大的召开标志着中国已经进入全面建成小康社会的决定性阶段,开启了中国特色社会主义新时代。2013 年 3 月 17 日,习近平总书记在十二届全国人大第一次会议上进一步强调,实现全面建成小康社会、建成富强民主文明和谐的社会主义现代化国家的奋斗目标,实现中华民族伟大复兴的中国梦,就是要实现国家富强、民族振兴、人民幸福。

2017 年 10 月 18 日至 10 月 24 日,中国共产党第十九次全国代表大会在北京召开。习近平代表第十八届中央委员会向大会做了题为《决胜全面建成小康社会 夺取新时代中国特色社会主义伟大胜利》的报告。报告指出:经过长期努力,中国特色社会主义进入了新时代,这是我国发展新的历史方位。中国特色社会主义进入了新时代,国防和军队建设也进入了新时代。党的十九大清晰描绘了国防和军队现代化建设的时间表、路线图,即"确保到 2020 年基本实现机械化,信息化建设取得重大进展,战略能力有大的提升""力争到 2035 年基本实现国防和军队现代化,到本世纪中叶把人民军队全面建成世界一流军队"。国防科技工业是关系国家安全和综合国力的战略性产业,是国防现代化的重要基础,是武器装备研制生产的骨干力量,对实现国防和军队现代化建设目标起基

础性保障作用。

自十八大以来，强军兴军开创新局面着眼于实现中国梦强军梦，制定新形势下军事战略方针，全力推进国防和军队现代化。召开古田全军政治工作会议，恢复和发扬我党我军光荣传统和优良作风，人民军队政治生态得到有效治理。国防和军队改革取得历史性突破，形成军委管总、战区主战、军种主建新格局，人民军队组织架构和力量体系实现革命性重塑。加强练兵备战，有效遂行海上维权、反恐维稳、抢险救灾、国际维和、亚丁湾护航、人道主义救援等重大任务，武器装备加快发展，军事斗争准备取得重大进展。人民军队在中国特色强军之路上迈出坚定步伐。

中国梦蕴含强军梦，强军梦支撑中国梦。在实现中华民族伟大复兴的征程上，强大的国防科技工业将为国防和军队现代化建设提供有力支撑。人民军队的光辉历史，见证了国防科技工业的发展历程，孕育了厚重的装备质量文化。我们必须充分发挥这一独特优势和宝贵财富，既传承好光荣传统，又不断赋予其新的时代内涵。2013 年 12 月，中共中央办公厅印发《关于培育和践行社会主义核心价值观的意见》，强调大力加强理想信念教育，弘扬中华优秀传统文化、革命文化、社会主义先进文化。军工文化既是革命文化也是社会主义先进文化，在新时代背景下更应发挥其强大的文化功能和社会辐射力。

2. 军民深度融合与军工文化发展新的历史机遇

习近平总书记多次强调军民深度融合的重要性。实现强军目标，必须同心协力做好军民融合深度发展这篇大文章，既要发挥国家主导作用，又要发挥市场的作用，努力形成全要素、多领域、高效益的军民融合深度发展格局。军队要遵循国防经济规律和信息化条件下战斗力建设规律，自觉将国防和军队建设融入经济社会发展体系。地方要注重在经济建设中贯彻国防需求，自觉把经济布局调整同国防布局完善有机结合起来。要深入做好新形势下"双拥"工作，加强国防教育，健全国防动员体制机制。各级党委和政府要支持军队建设和改革，配合军队完成多样化军事任务，为实现强军目标提供有力保障①。把军民融合发展上升为国家战

---

① 习近平. 在十二届全国人大二次会议解放军代表团全体会议上的讲话[N]. 解放军报，2014-03-12.

略，是我们长期探索经济建设和国防建设协调发展规律的重大成果，是从国家安全和发展战略全局出发做出的重大决策。

国防科技工业是军民融合发展的重点领域，是实施军民融合发展战略的重要组成部分，也是推进国家创新驱动发展战略实施、促进供给侧结构性改革的迫切需要。国防科技工业必须以军民融合发展战略为引领，紧紧依靠国家科技和工业基础，深深融入国家社会经济体系，为促进经济社会发展提供更加强劲的发展新动能。坚持自主创新，增强核心基础产品和国防关键技术自主可控能力，完善国防科技协同创新机制，促进武器装备体系化、信息化、自主化、实战化发展。坚持深化改革，积极推进国防科技工业体制改革，瞄准各方反映强烈的矛盾和问题，坚决拆壁垒、破坚冰、去门槛，破除制度樊篱和利益羁绊，营造公平竞争的政策环境。坚持优化体系，扩大军工开放，推动军品科研生产能力结构调整。坚持融合共享，加快技术、资本、信息、人才、设备设施等资源要素的军民互动，实现相互支撑、有效转化。

在党和政府的共同管理和指导下军工融合工作深入展开。发布实施了《"十三五"科技军民融合发展专项规划》和人防、交战、国民经济动员等专项规划，20个省份出台军民融合发展规划。启动实施了首批41家军工科研院所改革，深化论证空域管理体制、军品定价议价规则、装备采购制度等改革方案，全面推行武器装备科研生产许可与装备承制单位联合审查工作机制。在全国范围推广军民大型国防科研仪器设备整合共享、以股权为纽带的军民两用技术联盟创新合作、民口企业配套核心军品的认定和准入标准3项创新举措。

可以说，军民深度融合背景下，军工文化面临着新机遇。具体而言就是在文化建设层面，军工文化如何在保持自身的文化特色与优势基础上，吸纳、借鉴民口文化的优秀元素（比如激励、竞争等），实现在军工文化创新跨越发展，从而在更宽阔的领域内折射出其对于全社会强有力的激励、辐射的文化功能，来丰富自身的文化内涵。同时，这一机遇更是挑战，给军工文化的建设提出新的时代命题。

3. 创新驱动凸显新时代军工文化建设的时代要义

进入新时代以来，创新驱动成为国防科技工业发展的关键词。习近平总书记也多次强调要牢牢扭住国防科技自主创新这个战略基点，大力推进科技进步和创新，努力在前瞻性、战略性领域占有一席之地。要继续抓好基础研究这项打基础、利长远的工作，为国防科技和武器装备持续发展增强后劲。要紧贴实战、服务部队，使科技创新同部队建设发展接好轨、对好焦。要加强自主创新团队建设，搞好科研力量和资源整合，形成推进科技创新整体合力①。

军工文化作为助推国防科技工业发展的文化软实力，在创新驱动的背景下，也必将更加突出地融入创新驱动的文化因质来推进国防科研项目的建设，创新是国防科技工业战线发展和不断取得重大成就的有力支撑。我国在大飞机研制等一系列重要领域取得了重大突破。同时，军工文化也要创新，融入新时代的创新元素，即站在时代的潮头，永远追求卓越，以热烈的激情和理性的探索实现富于时代特色的跨越。为国防科技工业的发展注入新的生机和活力，是军工文化在新时代背景下的时代诉求。人民军工事业和国防科技工业的发展所取得的每一项重大成就都蕴含着创新的文化品格。军工文化的创新具体体现在三个层面上：在国家与民族层面上，军工文化强调在"国家利益至上"核心价值观的指引下形成全行业不断超越、勇攀高峰的文化创新常态；在军工个人层面上，军工文化是强化军工人事业信念的精神助力；在社会层面上，军工创新文化催动全体社会成员的进取精神，发挥着无限的正能量作用。军工文化是国防科技工业未来发展的持续驱动力。军工文化为国防科技工业的发展营造了浓郁的文化氛围，对于军工文化建设水平的提高具有重要意义。

对于国防科技工业来说，创新具有非同一般的意义。随着时代的发展，从国际上看，我国的国防科技工业已经从跟踪模仿迈进到并行领先阶段。相应的，国防科技战线的工作方式、工作状态都要发生改变。国防科技事业的发展越来越多地融进了新理念、新战略、新技术，承载了更多的不同于以往的新内容。国防科技工业协同创新文化建设是国防科技工作中的一部分，从国防科技建设的层次与水平看，可以说国防科技

---

① 习近平. 在视察国防科学技术大学时的讲话［N］. 解放军报, 2013-11-07.

工业协同创新文化建设进入了围绕新军事变革而进行、展开的新时代。国防科技工业协同创新文化建设如何结合国防科技工业发展进入新阶段所发生的一系列新变化，在文化建设方面呈现出新思考、新举措，新格局，也是当前国防科技工业协同创新文化建设面临的亟待解决的一个重要课题。

4. 文化自信背景下军工文化的定位

党的十八大以来，习近平总书记在多个场合提到文化自信，在建党九十五周年的纪念讲话中，习近平更是指出"文化自信，是更基础、更广泛、更深厚的自信"。立足社会主义先进文化的厚重根基，军工文化在今后的发展中也必然会打上军民融合的鲜明时代印记。

军工文化是中国特色社会主义文化的重要组成部分，体现着社会主义文化的先进性、革命性，彰显出自身所蕴含的深厚的文化意义和文化魅力，对于国家和民族的发展能够起到更加深远的正向影响。军工文化是捍卫我国国家和民族尊严的文化，吸纳了中华民族五千多年文明历史所孕育的中华优秀传统文化精髓，锻造于党领导人民在革命、建设、改革中创造的革命文化和社会主义先进文化之中，植根于人民军工和新中国国防科事业发展的伟大实践之中，是国防科技工业系统在长期的建设与发展实践中形成的以"热爱祖国、对党忠诚，自力更生、艰苦奋斗，大力协同、勇于登攀"的"两弹一星"精神和"特别能吃苦、特别能战斗、特别能攻关、特别能奉献"的载人航天精神为核心内涵的一系列物质和精神文明成果。军工文化也是彰显中国文化自信的文化，是鼓舞党和人民不忘初心、继续前进的富于强大社会感召力的文化。军工文化还是体现"决不能因为胜利而骄傲，决不能因为成就而懈怠，决不能因为困难而退缩"的典型文化，中华民族在新征程上要艰苦奋斗再创业，需要军工文化所蕴含的丰富精神，其传承与发展对于国家和民族的未来非常重要。

军工文化伴随着中国共产党领导下的人民军工事业的发展萌芽、形成，在中华人民共和国成立后，在保家卫国、捍卫民族尊严的国防建设中，军工文化不断得到发展，改革开放至今国防科技事业的进步为军工文化的发展积淀了深厚的土壤。中国特色社会主义进入新时代之后为军工文化建设提供了新的时代背景，军工文化具有了更广阔的发展空间。作为深植于人民军工和国防科技事业、吸纳中国传统文化的精髓成为独具特色的代表社会主义先进文化的一种独特鲜明的文化形态，新时代背景下军工文化必将折射出其对于全社会更加强有力的激励、辐射的文化功能，彰显出军工文化的文化自信，从而为强军、强国做出更加深远的文化贡献。

第二章

军工文化的理论基础

第一节 文化与文明

"文化"一词在中国有悠远的历史。《周易》有"观乎人文,以化成天下"之语。"人文"指人类社会的礼乐教化及其典章制度和道德观念,"化"则含有"教化"之意。文与化连用意为"以文教化"。"文化"一词连用早期可见于西汉典籍刘向的《说苑·指武》,其中说:"圣人之治天下也,先文德而后武力。凡武之兴,为不服也,文化不改,然后加诛。"南齐王融《曲承诗序》也曾有言:"设神理以景俗,敷文化以柔远。"显然,这里的文化指的都是文治和教化。

西方语言中的文化,源于拉丁文 Cultura,原始含义有"耕作、培养、教育、发展、尊重"等意思,就是说,它最初是指土地的开垦及植物的栽培,后引申为对人的身体和精神的培养,以后又进一步指称人类按照一定的价值理想征服自然和自我时所创造的物质、精神财富。

文化的定义随着社会学、人类学的发展而不断廓清。著名的英国"人类学之父"爱德华·泰勒(Edward Burnett Tylor,1832—1917)于1871年出版的《原始文化》中曾对"文化"做过一种界说:"从广泛的人种学的意义上来说,文化或文明是一个复杂的整体,它包括知识、信仰、艺术、法律、道德、风俗以及人作为社会成员所获得的一切能力和习惯。"①泰勒关于"文化"的这一定义，强调了"文化"的三点特征：其一，文化具有整体性，它不是若干孤立要素的机械堆砌，而是一个包含物质与精神多方面的"复杂的整体"；其二，文化具有人工习得性，它不是人的先天本能，而是后天获得的一种能力和习惯，文化所具有的这种后天的习得性，恰恰意味着人超越自然本能的自为性和创造性；其三，文化具有社会性，它是"人作为社会成员所获得的"，体现了人与人、人与社会之间的一种联结。

综合以上三种中西方关于文化的界定，文化有这样两层含义："人化"与"化人"。文化作为"人化"，是与"自然"相对应的一个概念，泛指人类的一切创造活动及其成果，是人类按照自身的理解、意愿、需要、价值和理想来改造世界，从而使这个世界成为人的实践世界，世界也因为这样的创造而有了"人化"的意义，这个过程亦即"改造客观世界"的过程。"人化"的过程凝聚了人的需要、目的等价值内容，人在"人化"的过程中也体验到了真、善、美，体验到了实践的真谛。

文化作为"化人"，就是"人化"活动及其成果反过来改造人、培养人、化育人，使人脱离其原始蒙昧的状态，从而使人"更加成为人""越来越像人"。这个过程也就是我们常说的"改造主观世界"的过程。"文化不仅是一种在人本身自然和身外自然的基础上不断创造的过程，而且是一种对人本身的自然和身外自然不断加以改造、使人不断从动物状态中提升出来的过程。"② 从此意义上讲，"文化"是与"野蛮"相对应的一个概念，是指人从蒙昧、原始、野蛮的不开化、不自由的状态发展而来，走向开化、文明和自觉。人和人的世界经过加工改造，达到了"人"的标准、理想，这就是文明。

文明，在其本质上乃是人类对"人之为人"的一种自觉。"人之为人"的问题，在哲学上是人的本质问题和人的价值问题，只有当人类真正对自己的本质和价值开始达到某种自觉的时候，人类才走出野蛮状态，才算已经开化。人类能够认识自然、改造自然，认识自身、改造自身，发

---

① 泰勒. 原始文化[M]. 蔡江浓, 编译. 杭州：浙江人民出版社，1988.
② 张岱年，程宜山. 中国文化论争[M]. 北京：中国人民大学出版社，2006：3.

展自身、完善自身。所以,文明是文化的结果,是文化的价值判断。人无"文"则无"化",无"文化",则无"文明"。很明显,"文明"是"文化"的一个子范畴,但并非任何一个"文化"都可以衍生出"文明"范畴。"文明"的发生时间很晚,人类文化史至今三百多万年,人类文明史至多不过几千年。

但文化与文明是不可分割的,通常情况下,要把文明与文化完全区分开比较难。"文明"是在特定的文化模式下表现出来的人们创造文化活动的方式及其成果的具体形态。世界上因不同的文化模式而组成千姿百态的文明,每一种文明都在特定的角度发展、展示了人类的智慧,都包含了人们对宇宙奥秘的独特的感悟和把握方式,因而都有其特定的价值。

文化包罗万象,有着丰富而复杂的内容,简要归纳起来:文化是人类在社会历史发展过程中所创造的物质财富和精神财富的总和,是"人化"与"化人"的统一,大体上包含着三个层次:第一,社会文化(又称行为文化)。社会文化是通过社会成员共同遵守的社会规范和规范行为表现出来的文化,包括风俗、制度、法律、道德、习惯、信仰等,它是人类活动的重要部分,任何当代的对于特定民族的文化描述都会包含其中的一部分。如果我们考察这些字眼背后的实在,我们就能清楚地看到,这些规范所涉及的主要是行为模式、人类行动的方式,因而使人们的社会行为能够形成一种比较一致的、共有的类型和模式。第二,精神文化,文化的核心层,主要是思想、意识、观念等,其中最主要的内容就是价值观念。价值观可以体现在社会生活的不同方面,形成政治、经济、伦理道德、风俗法规等方面具体的价值观念,也可在不同的社会人群、社会阶层中的认知与行为方式中体现出来。对民族与国家来说,最持久、最深层的力量是全社会共同认可的核心价值观,因为它承载着一个民族、一个国家的精神追求,体现着一个社会评判是非曲直的价值标准[①]。第三,物质文化,也就是作为人类活动产物的物品,如工具、武器、建筑、文物、服装、艺术作品等。文化通过这三个方面的载体体现着人类生存的价值和样态,体现着"人之为人"的自觉。

---

① 本书编写组. 马克思主义基本原理概论[M]. 北京:高等教育出版社,2018:91.

第二节 马克思主义文化理论

马克思主义第一次把文化问题置于历史唯物主义的哲学基础之上。唯物史观是我们认识文化现象、分析文化问题的基本观点与方法。马克思的唯物史观认为，社会存在决定社会意识，经济基础决定上层建筑，物质生活的生产方式制约着整个社会生活、政治生活和精神生活的过程。不同的经济和社会环境会孕育、产生不同的思想和文化。思想文化一旦形成又会对社会存在、经济基础发生反作用。先进的思想文化一旦被群众掌握，就会转化为强大的物质力量；反之，落后的、错误的观念如果不破除，就会成为社会发展进步的桎梏。马克思和恩格斯虽然没有给出文化的明确定义，但在他们的经典著作中对于文化的产生、发展、本质、作用等都有大量相关的论述，这为我们正确认识文化现象提供了理论指导。依据马克思主义的唯物史观，我们可以总结出马克思主义文化观的一些基本要义。

一、文化的产生：物质生产力发展到一定阶段的产物

文化不是人类文明发展先天固有的，而是生产力发展到一定阶段产生的。马克思认为，实践，尤其是生产劳动实践是文化产生的源泉。"劳动只有作为社会劳动，或者换个说法，只有在社会里和通过社会，才能成为财富和文化的源泉。"[①] 这句话表明：第一，文化具有实践性。文化的产生离不开人类的实践——劳动。"人们为了能够'创造历史'，必须能够生活。但是为了生活，首先就需要吃喝住穿以及其他一些东西。因此第一个历史活动就是生产满足这些需要的资料，即生产物质生活本身。"[②] 任何脱离物质条件去谈休闲、谈文化都是空中楼阁，"人们首先必须吃、喝、住、穿，然后才能从事政治、科学、艺术、宗教，等等"[③]。随着人们物质生产实践活动的不断深入，生产力水平的不断提高，

---

① 马克思，恩格斯. 马克思恩格斯选集：第3卷[M]. 北京：人民出版社，1995：298.
② 马克思，恩格斯. 马克思恩格斯选集：第2卷[M]. 北京：人民出版社，1995：78-79.
③ 马克思，恩格斯. 马克思恩格斯选集：第3卷[M]. 北京：人民出版社，1995：776.

人们才可能有闲暇和自由的时间去从事创作，以满足人类自身多层次、多方面的精神需要。第二，文化具有生成性。文化既然是物质资料发展的产物，那么，文化的每一次进步与更新也必然深受社会经济基础的影响。伴随劳动方式、生产方式的不断变化，文化的内容也就在不断的生成过程之中，所以文化的发展与繁荣离不开生产的发展、离不开社会的发展。文化是对人类创造生产力、发展生产力的物质生活过程及其结果的反映。第三，文化具有社会性。创造文化的劳动，是与社会发展相联系的劳动，文化，是人们进行社会物质交往的产物，是对社会生活、社会存在的反映。"发展着自己的物质生产和物质交往的人们，在改变自己的这个现实的同时也改变着自己的思维和思维的产物。不是意识决定生活，而是生活决定意识。"[①] 因而，每一时代的文化都有其独特的内容和特点，具有不断进步的历史趋势。正是由于文化对社会物质生活条件有极强的依存性，文化如果不被社会所接受就很难保留下来。文化作为观念性的精神存在虽然是无形的，但它必然要依托于现实的物质载体。这一点给我们提供了理解文化建设、文化创新、文化载体建设的理论支撑。今天的社会劳动显然已经是与全球化发展相联系的劳动了，与此相应，文化建设也必定立足于全球化的视野，才能符合实践发展、与时俱进。

二、文化的本质：人的本质力量的对象化与人的主体性的统一

人的本质是什么？马克思认为，实践是人类的存在方式，人与动物最本质的区别就在于人的自由而又自觉的劳动活动，人正是在这种自由而有意识的活动中实现了对自然性和动物性的超越，所以，实践构成了人的本质。

作为人的实践活动所建构的成果和产物，积淀并凝结着人的本质力量，人们正是在实践的客观结果中直观到了自己的本质力量。在《1844年经济学哲学手稿》中马克思提出了"人化自然"的观点，这一点揭示了文化的本质。人在认识世界、改造世界的过程中，把人的目的、人的

---

① 马克思，恩格斯. 马克思恩格斯文集：第1卷 [M]. 北京：人民出版社，2009：525.

理想、人的审美、人的能力等本质性的东西注入其中，从而改变了物质世界的自在存在的形式，使天然自然这个"自在之物"转化为体现人的目的、满足人的需要的"为我之物"，促使了"自然的人化"。

人创造了文化，文化又在不断地生成人。在改造自然的过程中，人增长了认识自然的知识和改造自然的能力，也促使自身不断脱离原始自然状态而不断"人化"，这就是"化人"。人类创造文化的过程，也是人不断获得自由和解放的过程，在此过程中，人的主体性地位又得到了充分的体现。文化是人类追求真理、追求价值的理性表达，文化体现着实践过程中合规律性与合目的性的统一。人越是掌握了事物的客观规律，掌握了真理，就越有条件从被动的"必然王国"走向马克思所说的主动的"自由王国"。恩格斯在《反杜林论》中提出了一个著名的论断："文化上的每一个进步，都是迈向自由的一步。"[1] 伴随人类实践在广度与深度上的拓展，人的文化世界也在发生变化。

无论是"人化"还是"化人"，都蕴含着人类的智慧、价值追求和审美情趣，是人的本质力量的体现。正是基于人的本质的实践属性，马克思揭示了文化的本质，文化就是在人的本质力量的对象化活动中自然的人化与人的主体性、文明性的统一。所谓文化，不过是人类为了摆脱必然王国的奴役和束缚，为了满足需要、实现自身价值，体现着人的主体性而不断在社会实践中创造出来的财富的总和。

此外，马克思还特别将人的实践活动与现实的工业生产联系起来，认为人的实践能动地改变着自然界，最突出地表现在人的工业活动中，在人的工业实践活动中，证明了人的实践改造的巨大力量，人们正是在实践的客观结果中直观到了自己的本质力量。他说："工业的历史和工业的已经产生的对象性的存在，是一本打开了的关于人的本质力量的书，是感性地摆在我们面前的人的心理学。"[2] 马克思的这一论述是我们理解军工文化本质的理论基础。

---

[1] 马克思，恩格斯. 马克思恩格斯选集：第3卷 [M]. 北京：人民出版社，1995：456.

[2] 马克思，恩格斯. 马克思恩格斯全集：第42卷 [M]. 北京：人民出版社，1979：127.

三、文化的作用：文化是一种精神生产力

马克思唯物史观认为，社会存在决定社会意识，社会意识虽依赖于社会存在，但一经产生又具有相对独立性，在一定条件下会转化为物质力量并作用于社会存在。文化是社会意识的重要组成部分，深深熔铸于民族生命力、创造力、凝聚力之中，是一个国家、一个民族的灵魂。在文化发展的过程中，经济因素并不是唯一的考量，它还有着深厚的民族历史基因。任何文化的形成过程都是各民族的物质生产方式与其所处地理环境、社会条件融合发展的结果，一经形成就构成该民族独特的行为标识与价值理念，只要它适应本民族生存和发展的需要，就会伴随整个民族的生命历程，一代代地延续和传承。

文化兴则国运兴，文化强则民族强。先进文化可以化作精神生产力，对社会发展起着举足轻重的作用。习近平总书记指出："理论自觉、文化自信，是一个民族进步的力量。"没有高度的文化自信，没有文化的繁荣兴盛，就没有中华民族的伟大复兴。文化为社会发展提供思想保证、精神动力与智力支持。拥有自觉、自信的文化意识，会让我们的社会发展变得更稳固、更健康，相比于政治和经济，文化所产生的吸引力和影响力更为持久，文化也日益成为国家软实力竞争的重要组成部分。中国现代化进程的深入，更需要增强我们的文化自觉与文化自信，费孝通先生曾提出文化自觉的理念，他说："美己之美，美人之美，美美与共，天下大同。"党的十九大报告中强调"坚定文化自信，推动社会主义文化繁荣兴盛"，坚持中国特色社会主义文化发展道路，确立社会主义文化强国战略，通过深化文化体制改革来推动文化大发展大繁荣，这为中国特色社会主义文化建设指明了发展方向。在全球化背景下，走向世界的当代中国，应该立足于当代社会生活现实，在新的历史境遇中推进马克思主义与中国传统文化的和谐与共融，吸纳和融合世界先进文化的成果，通过文化整合和创新，培育和铸造兼具中国性和时代性，融合民族精神和时代精神的当代中国精神，共建中国人共有的精神家园。

四、文化交往：共享文明中一切精致的东西

在《德意志意识形态》中，马克思和恩格斯对人类普遍交往的历史演进过程做了透彻的分析。这个过程肇始于"大工业生产"与"世界市场的建立"。一方面，所有交往都是以生产为基础展开的，由物质生产交往逐渐扩大到政治、意识、精神文化方面的交往。在各种交往活动中，物质交往决定着其他的交往活动和交往形式，"人们的想象、思维、精神交往在这里还是人们物质行动的直接产物"[①]。社会通过交往的扩大促进了生产力的普遍发展，反过来，生产力的发展又推动交往向普遍化、广泛化迈进。另一方面，世界市场的建立使得商品在全球范围内流动，而任何商品必然会承载着一定的文化因子，这也就意味着商品的全球流动同时就是一种文化观念的全球传播，文明与文明之间的交往程度日益成为不可抗拒的历史潮流。地域性文化向着世界性文化的生成与转变，逐渐成为文化发展的历史必然。

马克思认为，文化交往的实质就是共享人类实践活动的成果，这种活动成果主要是指"文明中一切精致的东西"即先进文化。没有文化交往，不同文化主体之间推动自我发展所需要的相互交换、相互占有与利用就无法实现。尤其在现时代，文化发展的封闭状态早已不复存在，不同文化之间的碰撞与摩擦已然成为常态，但也正是因为有"异质文化"之间的碰撞、摩擦，才会有吸收、发展和创新。文化传统的自我超越与创新不应该也不可能仅仅寄希望于通过"自身的完善"而"自发地完成"。从人类文明发展的角度看，它只有在不断的社会交往中才能获取发展的动力，从"他者"反观自身文化才能继承、发展自己的传统文化；从社会主义文化建设的角度看，它只有对接全球化的轨道，通过异质文化的"碰撞"，才能输入新鲜的血液，摆脱民族局限和地域局限；从文化自觉、文化自信的角度看，它只有以开放纳新的心态，通过文化的交流与对话，才能促进文化的自醒与自警。科学合理地定位自身在世界文化格局中的地位、作用及其发展趋向，既要避免文化交往过程中的盲目自信与狭隘，

---

① 马克思，恩格斯. 马克思恩格斯选集：第 1 卷 [M]. 北京：人民出版社，1995：72.

又要保有本民族文化的精神气质与个性，批判文化虚无主义。只有建立起充满民族自信、民族自尊的文化才是真正的文化，才会有恒久的精神"生产力"。

第三节　组织文化理论

组织文化的理论是伴随着管理理论的发展而发展起来的。从管理学的角度来看，组织是一种有意协调的社会单元，由两个以上的人组成，在一个相对连续性的基础上运作，以达到共同的目标或一系列目标。根据这个定义，不仅企业是组织，学校、医院、军队、科研院所、事业单位等社会实体都是组织，任何一个组织在其发展过程中，受内外环境的影响，都会形成一种特定的文化氛围。所谓组织文化，就是组织成员所共同具有的某种观念、意识等，具体说，就是组织在其内外环境中长期形成的、具有本组织特色的物质财富和精神财富的总和，包括价值观念、道德标准、行为规范、员工文化素质，以及蕴含在其制度、形象和产品中的文化特色，是一种凝聚人心以实现自我价值、提升竞争力的无形力量和资本。作为一个特殊的组织，人民军工在其 80 年的发展过程中积淀下来许多光荣的历史传统和宝贵的精神财富，并在此基础上逐渐形成了颇具特色的行业文化——军工文化。军工文化是军工行业特定的价值观念、行为规范、制度规范和外部形象的总和，它既具有组织文化的一般理论特征，又有其鲜明的行业特色，从其研究内容来看，军工文化的一个重要理论基础就是组织文化学。组织文化的一般理论、研究内容与研究方法对于我们开展军工文化的课题研究有重要的理论价值与借鉴意义。

一、组织文化理论的兴起

"组织文化"这一术语首次在英文文献中出现是 20 世纪 60 年代，当时和"组织气氛"（Organization Climate）这一术语几乎不相区别。与此相当的"公司文化"是 20 世纪 70 年代创造出来的，这个词和"组织文化"作为专业术语，首先出自西方管理学界，20 世纪 80 年代开始被频繁使用，英文表示为"Corporate Culture"或"Organizational Culture（简称 OC）"，直译成中文应该是公司文化或组织文化。可是在当时的中国，"公司"一词实际表示的是"部—局—公司—厂"这种垂直管理中的一级行政组织，为了避免发生误会，翻译家们把这个新的术语译成了"企业文化"，因此，组织文化指的就是我国更多所沿用的企业文化。需要指出的是，组织这个概念在外延上要比企业的概念宽泛得多。遵照习惯，在以下的论述中，我们是在同一个意义上来使用企业文化与组织文化这两个概念的。

组织文化在本质上属于企业管理理论中的文化管理。企业管理是一门科学，人类对于企业管理规律的认识也有一个不断深化的过程。大体说来，企业管理模式的发展与演化大体经历了三个阶段：科学管理理论阶段、行为科学理论阶段和当代新兴管理理论阶段，而组织文化当属于第三阶段。

在企业文化的研究领域有这样一种说法：日本是企业文化的实践家，美国是企业文化的理论家，这种说法从一定的意义上道出了企业文化产生的背景。日本经济在第二次世界大战后的六七十年代，发生了突飞猛进的增长，一跃进入发达国家的行列。对于日本的经济奇迹，美国的企业家和管理专家进行了全面的考察调研，在对美日两国不同的管理模式进行分析探讨后，得出结论：日本企业管理的优势和核心就在于其有一种巨大的精神力量在起作用，那就是企业的价值观和企业精神。日本管理实践领域中出现的这一新的事实，被美国的管理学家们率先提到理论层面加以认识、分析和研究。20 世纪 80 年代初，美国的管理学家相继出版了一系列的理论著作。1985 年，E·沙因（E. Schein）发表的《组织文化与领导》一书，标志美国组织文化的研究突破了经验的羁绊，进入真正的理论研究阶段。进入 20 世纪 90 年代以来，企业文化研究出现了四个走向：一是企业文化基本理论的深入研究；二是企业文化与企业效益和企业发展的应用研究；三是关于企业文化测量的研究；四是关于企业文化的诊断和评估的研究。迄今为止，有关企业文化的专著有六十多部，论文分布在十几种管理学和心理学期刊中，企业文化的研究在 20 世纪 80 年代和 90 年代已经成为管理学、组织行为学和工业组织心理学研究的一个热点，80年代和90年代也被称为管理的企业文化时代。这些著作都谈到了氛围、使命、价值观念、信念等"软"因素在企业管理过程中的重要作用，自此，文化管理的理念被管理学家们广泛认同，并日益渗透到传统的管理理论中。

企业文化理论的产生是人们自觉地研究企业文化现象和企业文化管理方式的本质、特征、规律的结果。企业文化由自发的现象到自觉的实践再到理论，不仅标志着管理上的一次革命，也标志着当今企业管理理论发展的最高层次，是企业管理理论的一座新的里程碑。

企业文化首先是一种管理手段，它并不否认制度管理的作用，它也有具体的定量指标，也强调个人、强调数字、强调速度、强调利润等"硬"指标，是对管理科学理论的最新综合。但同时它更关注企业宗旨、企业信念、团队精神与价值观等"软"因素在企业发展中不可忽视的作用。它更加侧重于把文化学的研究成果应用于企业管理，充分发挥文化在管理中的作用。所以，企业文化还是一种管理艺术，它变刚性管理为柔性管理，变"有为"管理为"无为"管理，第一次突破了企业要单纯创造利润的传统管理观念，着重于企业精神的培育，着重于企业的可持续发展。作为一种文化氛围，组织文化不是具体的管理方法，而是形成管理方法的理念，它最终要回答的是：我在这里究竟要如何工作和生活？所以，成熟的组织文化一定是在组织的这片土壤中孕育萌生，伴随组织的成长而成长起来，能够被组织成员所普遍认可与遵循，能够在全体员工心中产生共鸣，其目标就是培育高效能的团队精神，以实现价值共守、精神共通、情感共流和命运共担。

随着社会的不断发展，组织文化在社会生活及生产过程中的重要性日益受人瞩目，组织文化的研究不断得到充实和发展。这种发展主要呈现出这样的一些特点：第一，对组织文化的理论研究角度日益多元化，人们从哲学、心理学、行为学、管理学、社会学、文化学等多个角度切入，对组织文化基本理论的研究越发深入，并且特别注重了企业文化与企业效益、企业发展的应用研究，注重对企业文化的诊断与评估的研究。第二，研究的参照系进一步扩大，以中国的组织文化研究为例，不仅注重吸收欧美国家先进的管理经验，而且注重从传统文化资源中汲取营养，组织文化的民族化特征日益突出，具有中国特色的组织文化管理模式形成。第三，伴随经济全球化带来的商品的全球流动、跨国企业的增多，文化交往日益深入，组织文化研究更加注重不同文化之间的吸收与借鉴、继承与创新、交融与互补，多元文化管理也成为组织文化发展的重点。随着信息经济时代的到来，企业的竞争优势将越来越依赖于信息类的高技术发展，所以创新型、技术型的组织文化模式也正成为组织文化的又一发展重点。

二、组织文化的主要流派

国际上关于组织文化的理论流派有很多种，这些不同的流派尽管内容各异，但都是从不同的角度阐明组织文化的基本问题，不仅丰富了组织文化研究领域的理论内容，而且也为组织文化的管理实践提供了科学的理论指导。我们选择其中主要几种理论流派加以介绍[①]。

1. 麦肯锡 7S 管理框架

7S 管理框架，是由美国麦肯锡咨询公司主导，管理学家托马斯·彼得斯（Thomas J. Peters）和小罗伯特·沃特曼（Robert H. Waterman）具体负责所提出来的一种组织文化管理理论，也有人称之为"幸福 7 原子"。其背景源于 20 世纪七八十年代美国经济的不景气，面对日本企业成功经营与日本企业文化的兴起，美国管理学界努力寻找适合美国本土企业发展振兴的法宝。该研究组选取了美国历史最悠久、最优秀的大公司进行深入调查，并走访了欧美十来所工商管理院校的理论家、教授进行讨论，以麦肯锡顾问公司研究中心设计的企业组织七要素（简称 7S 模型）为研究的框架，总结了这些成功企业的一些共同特点，写出了《追求卓越——美国企业成功的秘诀》一书，使众多的美国企业重新找回了失落的信心。

该研究的结论认为：任何一种完善的管理，都涉及 7 个方面的内容，并且这 7 个方面的内容是相互关联的，包括结构（Structure）、制度（Systems）、风格（Style）、人员（Staff）、技能（Skills）、战略（Strategy）、

---

① 石伟. 组织文化 [M]. 上海：复旦大学出版社，2004.

共同价值观（Shared Values）。这 7 个变量的英文都以"S"开头，因此称为"7S 理论"。7S 框架图如图 2-1 所示。

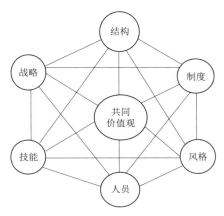

图 2-1　7S 框架图

在这个框架图中，战略、结构和制度被认为是企业成功的"硬要素"，风格、人员、技能被认为是企业成功经营的"软要素"，共同价值观处于核心地位，是关键要素。麦肯锡的 7S 模型指明，任何一个成功企业的经营管理都要全面考虑这 7 个要素。

2. 威廉·大内的 Z 理论

1981 年，美国加利福尼亚大学美籍日裔教授威廉·大内（W. G. Ouchi）出版了他的专著《Z 理论——美国企业界怎样迎接日本的挑战》，提出了著名的 Z 理论。本书写作的原意是"如何把对于日本企业管理的理解运用到美国环境的实践中"，试图回答"日本的企业管理方法能否在美国获得成功"。大内把典型的美国企业管理模式称为 A（America）型，把典型的日本企业管理模式称为 J（Japan）型，而把美国少数几个企业（如 IBM 公司、P&G 公司等）自然发展起来的、与 J 型具有许多相似特点的企业管理模式称为 Z 型。Z 理论之"Z"（Zygote，合子、受精卵），就是主张日本和美国的成功经验应相互融合。该书一经出版立即获得广泛重视，成为 20 世纪 80 年代初研究管理问题的名著之一。

在对 Z 理论的研究过程中，大内选择了日、美两国的一些典型企业进行了比较研究，认为，日本企业（J 型组织）采用终身雇佣制，对员工考核和提升周期长，强调个人多方面才能，内部有形控制不明显，决策较为集体化，从各方面关心雇员生活。而相对的美国企业（A 型组织）实施短期雇佣制，考核和提升周期短，注重员工专业能力，内部控制严密，个人决策，个人负责，只注意员工的工作情况。该理论强调美国企业要吸收充满日本企业的信任感、亲密度、凝聚力，创造出适应形势发展的组织文化。

Z 理论是在 X 理论和 Y 理论基础上的一次重大的理论突破。X 理论、Y 理论均是由学者麦戈里格（D. McGregor）所定义的。X 理论基于 1911 年泰勒（F. Taylor）《科学管理原理》的主要观点：企业为提高工作效率需要在运行机制上进行"工作专业化、方法标准化、操作程序化"的管理。X 理论以制度管理为主要内容，主要是针对工人动作和行为的规范，研究科学的手段、科学的工具、科学的方法，通过定额管理、物质刺激等一系列制度管理，提高工人的劳动效率。Y 理论基于 1932 年哈佛大学教授梅奥（G. E. Mayo）的霍桑实验。该实验证实，虽然科学管理通过标准的工作程序、工作方法、工作指标、奖勤罚懒等一系列管理制度保证工人具有一定的生产率，但只有满足工人的社会需求时，其工作的积极性才能得到进一步的提高，才能创造出更高的工作效率。由此，企业管理理论研究的重心开始由制度管理转向人本管理，即企业管理要重视人的社会需要、心理情感等因素对工作效率的影响。1930—1960 年，以马斯洛为代表的一大批学者为此提出了许多理论，包括以"需求层次论"为代表的一系列调动人的工作积极性的激励理论。Y 理论由此而生。

Z 理论特别重视组织观念，强调管理中的文化特性，强调要充分发挥文化在企业管理中的作用。自此，文化管理的理念开始被管理学家广泛认同，并日益渗透到传统的管理理论之中，成为企业管理理论的一座新的里程碑。由此可见，文化管理是在已有的管理理论基础上发展起来的企业管理的一种新手段，它并不否认制度管理和人本管理的作用，而是对这些管理理论的补充和完善，是将文化因素糅进了制度管理和人本管理。这样一来，企业管理的方法、手段由制度管理、人本管理构成的平面式管理进一步扩展为由制度管理、人本管理、文化管理构成的立体式管理,如图 2-2 所示。

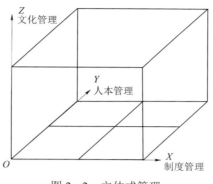

图 2-2　立体式管理

3. 沙因的组织文化理论

1985 年,美国麻省理工斯隆学院教授艾德佳·沙因(Edgar H. Schein)的著作《组织文化和领导》一书问世,他率先提出了关于组织文化本质的概念,对于组织文化的构成因素进行了分析,在西方的组织理论中产生了一定的影响。沙因组织文化理论的一个重要特点是从领导与文化的关系角度来阐述组织文化的重要性。沙因认为,组织文化是由领导者创造的,领导者最有决定性的功能之一就是创造文化、管理文化和必要时破坏文化。所以说,要对组织中的文化问题有深入的理解,就不仅要弄清楚组织中发生了什么,而且更为重要的是区分出哪些是对领导更要紧的问题。

沙因还将组织文化划分成三个层次。第一层次:人工制品(Artifacts),即人们可以观察到的组织过程、组织结构、书面语言和成员的外部行为等。第二层次:信仰与价值(Espoused Values),它们是组织的战略、目标、质量意识、指导哲学等。第三层次:基本的潜在假设(Basic Undeerlying Assumptions),潜在的一些信仰假设、知觉、思想、感觉,这是组织文化的核心或精华,是早已在人们头脑中潜存但人尚不自知。然而,正是由于它们的存在,我们才得以理解每一个具体组织事件为什么会以特定的形式发生,因此,组织文化就是要对这些深层次的文化要素予以挖掘、传播。

沙因提出的组织文化理论是西方管理理论中的一个重要流派,其对组织文化的研究的重要性、组织文化生成过程中的领导理论以及对组织文化的三个层次划分，对于我们今天研究组织文化都具有重要的理论借鉴意义。

4. 彼得·圣吉的学习型组织理论

1990年，彼得·圣吉（Peter M. Senge）出版了《第五项修炼——学习型组织的艺术与实务》[①] 一书，书中提出了著名的学习型组织理论，圣吉也因此书而被美国商业周刊推崇为当代最杰出的新管理大师之一。《第五项修炼》提供了一套使传统企业转变成学习型企业的方法，通过五项核心能力的修炼从而使企业提升整体运作水平和持续的创新能力，成为能够不断创造未来的组织。这五项能力包括：建立共同愿景、改善心智模式、自我超越、团队学习以及系统思考。

共同愿景（Building Shared Vision）可以凝聚公司上下的意志力，通过组织共识将每个成员的个人成长同步于组织成长，共同努力达成目标；改善心智（Improving Mental Models）则要求破除阻碍组织发展的旧思维、旧模式，通过团队学习、标杆学习改变思维模式，大胆创新；自我超越（Personal Mastery）培养的是成熟的组织品格，保持创造性的张力，并且要求有持续性地、自愿性地投入工作的内驱力；团队学习（Team Learning）的主要目的是使团队智慧大于个人智慧，以做出正确的组织决策，通过集体思考和分析，强化团队向心力；系统思考（Systems Thinking）最为关键，它是整合其他各项修炼成一体的理论与实务。企业管理也是一个大系统，系统中的每个要素都是相互影响、相互联系的，企业的学习与管理应该培养综观全局的思考能力，具备整体协作的能力。学习型组织强调组织要具有持续的学习能力以适应不断变化的外部环境，实现可持续性的发展，发展自己创造未来、把握未来的能力。

三、组织文化在我国的兴起和发展

我国的组织文化研究兴起于 20 世纪 80 年代中期，中国的一些学者

---

① 彼得·圣吉. 第五项修炼——学习型组织的艺术与实务 [M]. 上海：上海三联书店，1994.

和敏锐的企业家开始了对企业文化的理论研究和实践探索。1984年，由中国社会科学院孙耀君翻译的《Z理论——美国企业界如何迎接日本的挑战》由中国社会科学出版社出版，标志着西方企业文化理论引进了中国大陆。从1984年到20世纪90年代初，中国迎来了第一次企业文化建设热潮。这股热潮，既与国外组织文化理论的传播、触发有关，同时也是改革开放条件下我国经济社会文化发展的必然结果。在引进外资、引进国外先进的管理技术的过程中，企业文化作为一种新的管理模式被逐渐引入中国的企业管理实践中，这一时期的企业文化研究主要集中在理论的介绍与探讨阶段，也有很多的企业身体力行，结合实际开始了有声有色的企业文化建设，获得了一定的成就。与第一次建设热潮相伴随的是中国企业界的第一次思想解放运动，企业初步从计划经济的羁绊中解放出来，市场经济观念、竞争观念、创新观念、效率效益观念等新观念开始树立，极大地促进了企业生产力的提高，推动了经济的发展。

此时，也有一些企业热衷于企业形象的设计与再设计，这固然是塑造企业文化的一般做法，但是却忽略了这些形式下面的实质内容与内在精神，所以企业文化的建设工程并不理想，但这些失败的经验与教训对于进一步推进我国的企业文化建设却是一笔财富。

从2001年以来，面对经济全球化，特别是中国加入WTO，中国经济的发展面临着前所未有的机遇和挑战，这给我国的企业文化建设提出了更新的课题和更高的要求，越来越多的企业管理者学习企业文化的相关理论，越来越多的企业启动了企业文化的再造工程，这预示着企业文化建设的第二次热潮的到来。这一时期，我国的企业文化建设主要有以下几个特点：

1. 企业文化的理论研究不断深入

具有中国特色的企业文化理论研究进入了新的阶段，理论研究从单学科研究向多学科、跨学科研究方向发展。对于企业文化的核心内容，已取得了广泛的一致，人们不再认为企业文化是可有可无的事情，越发意识到文化的无形力量，它时时刻刻都在企业的生产、经营、产品等层面发挥作用。许多学者开始思考组织文化研究的本土化，使组织文化建设更加适合中国的国情。

2. 企业文化的实践活动日益广泛而丰富

越来越多的企业开始全面、主动地参与到企业文化实践活动中来。越来越多的企业管理者开始在实践中思考文化制胜的问题，思考知识经济与文化管理的问题，思考如何面对全球化的竞争，思考企业文化与企业凝聚力、企业竞争力的关系问题，也越来越多地关注现代企业制度与现代企业文化的同步建设问题。在这场建设热潮中，也涌现出来许多优秀的企业文化建设的实践典范，如海尔集团、联想集团、中国移动等。

3. 企业文化教育培训活动如火如荼

今天，在高校，企业文化学这门课程已成为不少管理专业学生的必修课程；在一些优秀企业内部，企业文化的教育培训活动开展得有声有色；以各地企业文化组织为主体所开展的企业文化专业培训体系日益展开。人力资源和社会保障部已将企业文化师作为专业职称主项，进行试点推广。

尽管我国的企业文化建设在这二十多年的发展中取得了重大的成就，但从整体上看，无论是理论研究，还是实践探索方面，我国的企业文化建设还存在着许多不足，例如以下几点：

1. 真正有理论根据的、规范的实证研究为数甚少

长久以来，我国的理论界侧重于对理论的研究，但是大多数是以介绍和探讨企业文化的意义及企业文化与社会文化、与企业创新等的辩证关系为主，对于企业文化的应用研究较少，关于企业文化的测量、诊断、评估和咨询的实证研究也没有真正展开。而企业文化的实践意义就在于对企业发展和企业长期经营业绩提供具有可操作化和定量化的理论框架。

2. 缺乏对企业文化的追踪研究

企业文化的塑造不是一朝一夕的事情，也不是一次性完成的作品，它是一个长期积累、总结、应用、调整的过程，它要随着企业的发展和变化做出及时的调整和改变，才能对企业的长期发展产生深远的影响，所以，对企业文化进行追踪研究的价值是不可低估的。

3. 行业文化建设尚未充分展开

随着对企业管理认识的深入，企业对于企业文化的理解也更加深入，而这种理解的深入，带来的是对企业文化的认同。企业文化，已经成为继基业长青、执行力、学习型组织等管理阵风之后的又一次风潮。2005年，国资委发布《关于加强中央企业企业文化建设的指导意见》的文件，为企业文化建设在国有企业的兴起提供了充足的燃料和动力，自此开始，以国有企业为代表，掀起了企业文化建设的高潮。但是，在这场热潮的背后，真正有特色的行业文化建设还停留在非常粗浅的层次上，文化建设与实际应用还是"两张皮"。

4. 企业文化的跨文化研究亟需深入

企业在发展的过程中，会经历重组、兼并、扩张等阶段，这就意味着企业文化要经历整合与变革这一过程。所谓跨文化研究就是如何克服异质文化的冲突，进行卓有成效的管理，其目的在于探讨不同形态的文化氛围中如何设计出切实可行的组织结构和管理机制，最合理地配置企业资源，特别是最大限度地挖掘和利用企业人力资源的潜力和价值，从而最大化地提高企业的综合效益。但跨文化的理论研究要滞后于组织文化的发展实践，很多企业还处在摸索阶段，难以对企业发展产生文化的推动力。

四、组织文化的基本结构与研究内容

对于组织文化的结构层次，国内理论界基本达成共识。大体是依据文化的划分标准，把组织文化划分为物质文化、制度（行为）文化和精神文化，如图2-3所示。

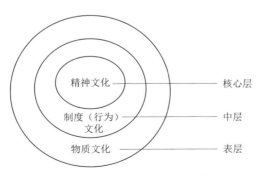

图2-3 组织文化的基本结构

通过图 2-3 我们可以清楚地看到，组织文化的基本结构是一个以组织精神文化（组织理念、组织价值观）为核心，由内向外辐射渐次展开为组织制度（行为）文化、组织物质文化。组织精神文化是指组织在生产经营实践中，受一定的社会文化背景、时代精神氛围的影响而长期形成的一种精神成果和文化观念，主要指组织精神、组织价值观、经营哲学、组织道德等。行为文化主要指组织员工在生产经营中产生的集体文化，主要体现在行为与规范中，它包括规则、条例、体制、行为规范等，需要指出的是，组织行为中包括组织管理者的行为、组织模范人物的行为以及组织员工的行为。物质文化主要体现在物质活动和物质产品中的文化，包括组织环境、产品、标识等。通过这个同心圆，可以看出组织文化的大致研究内容如下：

1. 组织哲学与组织精神、组织价值观

组织文化的本质是一种组织哲学（corporate philosophy）。组织哲学就是依据什么样的思想来经营组织，是组织文化的神经中枢，是组织全部行为的根本指导思想，是组织形成自己独特风格的源泉，是整个组织向前运作的基本动力。从组织哲学的视野来看，组织精神和组织价值观构成组织文化的核心内容，也是组织文化建设的核心要素。

组织精神是一个状态范畴，是描述组织职工的主观精神状态，对思想境界提出要求，强调人的主观能动性，鼓舞士气，创造氛围，是组织形象的凝缩，是组织的旗帜。组织精神无论怎样表达，必须能够引起员工的共鸣，切忌在内容上面面俱到，好词堆砌，表达过长。

组织价值观是组织精神的具体展开，是组织在经营过程中，根据不同部门的组织实践特点所倡导的基本理念和宗旨，它有利于深化员工对于组织精神的心理认同。

2. 组织目标、组织制度

组织目标是指组织在一定时期内以一定的质量指标和数量指标形式表现出来的最佳物质成果和精神成果。组织目标作为一种意念、一种符号、一种信号传达给组织人，引导组织人的行为。组织目标可以从不同角度进行分类：按内容分，有总目标和分目标；按时间分，有长远目标和近期目标；按组织体系分，有组织整体目标、部门目标和个人目标等。

组织文化的另一个重要方面是由组织内部存在的管理制度、管理方法和管理政策构成的管理氛围。它涉及信息通报、行为规范、决策过程、激励因素、指导训练、改革创新、计划的制订等具体的细节。

3. 组织文化的载体

组织文化的载体是指组织赖以生存和发挥作用的物质结构和手段，包括组织文化机构、手段载体和组织文化实体两大类。前者是指电视台、广播站、俱乐部、图书馆、各种协会、报刊、文化活动等；后者是指组织文化的物化形态，如组织产品、组织生产资料、组织实物、组织名称、组织象征物等。

从组织文化的结构与内容来看，其最主要的内涵就是理念文化与行为文化。组织文化绝不是一个"虚设"的概念，而是"形神兼备""内外一致"的系统。组织文化的理念层面是组织的"神"，各项管理制度与物质载体是一种"实体"文化，是组织的"形"。文化必须根植于管理，"神"作为组织的精神气质是渗透在组织的各项具体管理细节中的，所以在进行组织文化建设时，一定要注意文化与管理"两张皮"的现象。

五、组织文化研究的一般方法

1. 理论研究与实践研究相结合

组织文化作为一种管理手段，最终要在组织的生产经营活动的过程中发挥作用，它不仅仅是一门新兴的理论学科，而且注定是一门实践性较强的学问，因此，在组织文化的研究过程中，一定要坚持实践的观点，在践行的过程中积累组织文化建设的经验，从中提炼出理性的认识。

2. 历史研究与现实研究相结合

注重对组织文化形成发展的历史研究，特别是组织文化在中国的发展，有助于我们更深刻地了解组织文化的性质，把握组织文化的内涵，从而对组织文化的现状研究奠定基础，指明研究的方向，推动组织文化理论向更深一步发展。

3. 宏观研究与微观研究相结合

组织文化作为整个社会文化的一个子文化，必然会具有社会文化的某种特征，从宏观的角度来研究组织文化与社会文化的关系，可以更好地把握组织文化发展的规律，在更高的水平上去推进组织文化的变革与创新。但更重要的是，组织文化的研究目标是帮助管理者更好地管理组织，因此其研究将更多地集中在个性化的研究上，即微观研究上，如研究组织文化的运行机制、组织文化的内容等，使组织文化的研究真正落在实处。

4. 定性研究与定量研究相结合

组织文化研究的一个重要内容就是揭示组织文化现象的本质，因此，定性研究在整个研究中居于重要的地位。但定性研究只是认识的开始，是进行定量研究的前提，所以还要对组织文化进行定量研究。组织文化研究不再仅仅停留在描述性、探索性的研究上，而是凭借量化的研究方法来收集实证资料，依据一定的数据，采用统计分析的形式获得对组织文化的深入研究。比如关于组织文化与经营业绩的关系、组织文化的测量、组织文化效果的评估等都需要借助定性与定量这两种方法来研究才能获取高信度、高质量的成果。

六、组织文化建设的基本步骤

1. 组织文化诊断

组织建设的关键是量体裁衣，建设适合本企业的文化体系。因此，在自主全面进行组织文化塑造之前，要先充分了解该组织的文化现状，为组织文化的提升奠定共识的基础。组织文化诊断就是在组织文化调研的基础上，对组织文化资源进行全面的盘点，从中发现问题，有针对性地提出组织文化建设策划方案。组织文化调研一般包括的工作方法主要有访谈法、调查问卷法、实地考察法等。调研主要围绕经营管理现状、组织发展前景、员工满意度和忠诚度、员工对组织理念的认同度等几个方面。通过调研资料的综合分析，可以判断组织目前的文化建设情况，了解员工的基本素质，分析组织战略和组织文化的关系，为下一步组织文化的设计做准备。

2. 组织文化设计

这是组织文化建设的核心。组织文化是一个整体，包括精神层、行为层、物质层。相应地，其建设内容既包括理念系统的设计，也包括行为系统、视觉识别系统的设计。

理念（MI）识别系统是组织文化体系的核心部分，该体系的设计主要集中在组织精神、组织宗旨、组织价值观方面，特别是组织价值观，会反映到组织管理、经营、人才、服务等各个方面，自身就是一个体系。

行为（BI）识别系统的设计要充分传达组织的理念。一般来说，它既包括员工行为规范设计，也包括组织制度的设计。组织制度一般包括工作制度、责任制度以及一些特殊制度。员工行为规范一般包括工作程序、岗位纪律、素质修养、仪表仪容等方面。行为规范的设计应该简洁易记，有针对性。

视觉形象（VI）识别系统是组织理念、组织精神的载体。它的设计，有利于传播组织形象，实现社会沟通，扩大社会影响。所以，视觉形象识别系统的设计，要充分表达组织的个性，让大众一目了然地掌握其中传达的信息，从而达到迅速识别、认识的目的；同时，有利于传播组织的价值观，形成组织的无形资产，强化组织的文化基础。这一层的设计主要包括组织标识、组织名称、组织标准色、标准字及企业识别系统（CI）的应用，如工作服装、信封信纸、名片、包装等。

3. 组织文化的传播、推广与巩固

组织文化诸理念定格以后，就要积极推广，创造条件付诸实施，使组织文化的理念全面地体现在组织一切经济活动和员工行为之中。第一步，传播阶段。要建立强有效的领导机制、高效的执行机制、全方位的传播机制，如编写组织文化手册、联系实际强化文化训导、举办讲座、开展文化演讲、建立文化网络等具体措施，让组织的所有员工都意识到组织文化变革的到来。第二步，固化阶段。就是把组织文化建设中的成熟做法通过制度、准则、规范等形式加以强化，把组织的价值观念渗透到组织的每一项规章制度、行为准则中，使员工时时刻刻感受到文化的无形力量。第三步，评估总结阶段，主要是评估组织文化的变革是否达到了预期的效果，是否有助于组织绩效的提高等。

4. 组织文化的变革与更新

组织文化理论并不是一个封闭的、一成不变的体系，随着组织内外环境的变化，随着组织战略目标的调整，组织文化还需要不断充实、完善、整合和提高。组织文化的变革与更新是组织生存发展的必然要求，也是组织文化发展的必然阶段。组织应通过对其文化现状进行深刻剖析，进行有计划的变革，及时、广泛地吸收文化发展的积极成果，并且根据客观形势的变化适时地推动组织文化的发展。

组织文化是组织在其内外环境中长期形成的、以价值观为核心的行为规范、制度规范和外部形象的总和，依次展开为精神文化、行为文化与物质文化三个层面，主要包括核心价值观、企业精神、企业宗旨、企业愿景、企业伦理、企业制度、企业形象等基本内容。

组织文化研究是我们进行军工文化研究的理论基础。军工文化作为一种特殊的组织文化，既具有组织文化的一般特色，同时又打上了深深的行业烙印。组织文化研究的基本内容是军工文化研究的重要理论来源，组织文化研究的一般方法，如理论与实践相结合、历史与现实相结合、宏观与微观相结合、定性与定量相结合的研究方法同样是我们进行军工文化研究要采纳的方法，组织文化建设的基本步骤毫无疑问也是军工文化建设要遵循的规律。军工文化研究有其特殊的理论内容和研究旨趣，而组织文化研究正是要在共性中凸显个性，在继承中有所创新。军工文化研究有助于深化我国组织文化的理论研究，弥补组织文化中行业特色文化建设的不足。

第三章

军工文化的结构和地位

作为一种文化类型,军工文化是我党领导的国防科技工业所创造、承载和通行的特定行业文化,是军工企业文化、军工高校文化、军工科研院所文化和军工机关文化中的军工特色文化部分的总和,是军工行业的特色文化。从系统论的角度看,军工文化是一个由多种子要素构成的复杂系统。各个子系统之间相互作用、相互影响,形成了相对稳定的结构,并表现出一定的社会功能。

第一节 军工文化的基本结构

军工文化结构,是构成军工文化系统文化要素的一种相对稳定的结合方式,它表明这些文化要素在军工文化整体中占据什么地位,以何种方式相联结,以及它们是怎样决定着军工文化的整体功能的。首先,军工文化结构是个历史的概念,随着军工文化的发展而变化。从历史上看,真正意义上的军工文化结构只是在我国国防科技工业体系初步形成以后才有的。其次,军工文化的结构具有多样性。一方面,军工文化结构的多样性表现在构成要素的多样性上;另一方面,军工文化的多样性还表现在构成要素之间的联系和结合具有多样性,有纵向联系、横向联系,平行联系、层次联系，等等。按照平行与层级的角度来分类，可以把军工文化结构分为平行结构和层级结构两种。平行结构的各个要素之间是并行关系，层级结构的各个要素之间是层序关系。

一、军工文化的平行结构

军工文化的平行结构至少有两种，即行业结构和单位结构。行业结构由核文化、航天文化、航空文化、船舶文化、兵器文化和军工电子文化六大行业文化组成，这与国防科技工业的六大行业相对应。事实上，军工系统中这六大行业的军工文化都有着自身的特色，区别于其他行业文化。同时，这六大系统并不是相互隔绝的，而是在相互联系、相互交流和相辅相成中形成和体现出自身的特色。这六大行业文化没有先后主次之分，而是平行关系。

单位结构由军工企业文化、军工科研院所文化、军工高校文化和军工机关文化组成，这与军工行业四种单位性质相对应。国防科技工业系统组成十分复杂，按照单位性质的不同，包括了各军工集团公司及其所属企业、军工科研院所、工信部属高校和共建高校以及国防科技工业政府机关。不同性质的单位，在组织文化上也有所差别，形成了军工文化四种不同要素。虽然军工机关对所属单位存在指导关系，但是从文化的角度看，军工机关文化与其他军工企业文化、军工科研院所文化和军工高校文化还是平行关系。军工机关在文化建设上对所属单位的指导，并不意味着军工机关文化是所属单位的文化基础。机关与企业、科研院所、高校之间实际情况差别很大，不可能以机关文化为样本来建设企业、科研院所和高校的文化。如果这样做了，很可能会阻碍企业、科研院所和高校的发展。

二、军工文化的层级结构

军工文化的层级结构，是指军工文化系统存在着同心圆状的外层（军工物质文化）、中层（军工制度文化）和内层（军工精神文化）三个层级组成的结构。军工文化的内层也称精神层，是指军工组织成员共同的群体意识，包括组织哲学、价值观念、道德伦理、企业精神、美学意识等。

军工精神文化是军工文化最深层、最基本和最核心的部分，是军工文化的源头。军工文化的中层也称制度层，它主要是指军工组织成员共同遵守的规章制度和行为准则，包括各种规定、纪律、操作规程、准则、管理制度和政策环境等。军工制度文化是军工文化的主体部分，其形成和发挥效能的要素，是军工文化的主要体现。军工文化的外层也称物质层，它是指军工组织运营活动的物质基础，包括机器设备、工作场所、产品设计、组织标识、组织信誉、组织行为以及各种文化设施等。军工物质文化是军工文化结构中最表层的部分，是人们可以直接感受到的有形军工文化要素。

军工精神文化、军工制度文化和军工物质文化彼此之间相互联系、相互作用，在动态中保持着结构平衡，共同发挥作用。首先，军工精神文化决定制度文化和物质文化。精神层是军工文化中相对稳定的层次，其形成受到社会、政治、经济、文化及各单位实际情况的影响，一经形成，就处于相对稳定的状态。精神层也有动态性的一面，主要因为军工文化内外环境经常处于不断变化之中，军工价值观、军工精神随着环境变化不断变革，以适应环境的需要。军工精神文化是军工文化中的决定性要素，其变化必然导致制度文化和物质文化的变动。其次，军工制度文化是精神文化和物质文化的中介。精神层直接影响制度层，并通过制度层影响物质层，因此，制度层是两者之间的中介，精神层对物质层的影响是间接的。军工制度文化的这种中介作用，使它在军工文化中的地位非常重要。军工制度文化是军工组织实现其目标、理想的有力保证。最后，军工物质文化和军工制度文化是军工精神文化的具体体现。精神层虽然决定物质层和制度层，但精神层具有隐性的特征。它隐藏在显性内容之后，必须通过一定的表现形式来体现：一方面，军工物质文化和制度文化以其外在的形式体现了军工精神文化；另一方面，军工物质文化和制度文化还能影响军工组织成员的工作态度，影响组织哲学、价值观念、道德规范的进一步发展。

第二节 军工行业各主体文化结构辨析

军工行业主要包括军工企业、军工高校、军工科研院所以及政府军工管理机关等主体。虽然这些主体的工作内容与管理特色不同，各自的组织文化氛围与内容也有诸多差异，但因为它们共同从事国防科技工业建设，具有相同的军工性质，因此，军工行业各主体的组织文化中必然包涵了军工文化的元素。辨析军工行业各主体的文化结构，对于我们从深层次认识什么是军工文化以及如何建设军工文化具有重要的理论和现实意义。

一、军工企业文化结构

军工企业是国家先进制造业的重要组成部分，是我国国防科技工业的重要产业，是国家国防建设的重要战略力量。伴随着军工企业的形成和发展，同时也形成了内涵丰富、独具特色的先进文化，它有助于凝聚军工人力量、提升军工人士气，从而为稳固国防、提升综合国力发挥重要作用。所谓军工企业文化，就是指军工企业成员在一定的社会历史条件下，在长期的军工企业实践活动中形成与积累的物质财富与精神财富，是各军工企业自身特定的价值理念、制度规范、行为方式等文化诸要素的综合。军工企业文化与非军工企业文化相比，既有相同的一面，也有显著不同的一面。一方面，军工企业在生产经营管理过程中，在继承军工精神的基础上，形成了面向市场、面向国民经济建设要求的企业文化，对于军工企业自身优化企业环境，突出品牌战略，构建企业发展的和谐空间，营造军工企业和谐的人文氛围，高质量、高水平地提高企业的经营管理水平和核心竞争力，在整体上又好又快地推进企业的发展具有重要意义。从这一点来看，军工企业和非军工企业在企业文化方面是相同的。另一方面，军工企业是国防科技工业的重要组成部分，直接为国防建设服务，它们在维护国家安全、保障我国的国内建设拥有一个和平环境方面发挥着极其重要的作用，因此，体现出服务国防建设、推动国防科技工业发展的军工特色文化追求。这种军工特色文化主要体现在军工保密文化、军工质量文化、军工安全文化、军工型号文化和军工创新文化5个方面。在非军工行业来看，也需要抓保密、抓质量、抓安全、抓型号、抓创新，但归根结底是为了能够获得更大的经济效益。而对于从事军工生产研制和管理的军工企业而言，其核心职能是政治、军事职能，而不是单纯的经营职能，质量、安全、保密、型号和创新问题被提高到政治、军事和国家利益的高度来理解，而不是像非军工行业那样从经营效益的角度来理解。所以，就军工企业来看，军工企业文化包含了两种文化成分（见图3-1）：一种是与非军工企业性质显著不同的军工特色文化，另一种是与非军工企业性质相同的现代企业文化。

图3-1　军工企业文化结构

二、军工高校文化结构

军工高校是指以国防科技工业为主要服务领域的高等院校。它们普遍将科学研究与服务面向定位为"服务国防与国民经济建设"，重点突出了服务国防科技工业的历史使命，同时也表明了服务国民经济建设的努力方向。因此，这类主体文化也包括两种成分（见图3-2）：一种是围绕国防科技工业服务方面，在人才培养和科学研究等过程中形成的与非军工高校显著不同的军工特色文化；另一种是与非军工高校相同的大学文化。建设与服务国防使命的根本要求以及与服务国民经济建设的根本要求相适应、相协调、相一致的大学文化，是军工高校大学文化建设的目的和方向。军工科研院所和军工高校文化结构类似，此处不再具体分析。

图3-2　军工高校文化结构

三、军工机关文化结构

国防科技工业政府机关包括国家国防科工局机关和地方政府相应机关，主要负责国家和地方国防科技工业及行业的建设和发展机关建设工作。只有以先进的机关文化为指导，融入先进文化的内容，反映先进文化的要求，才能实现管理理念的与时俱进和机关发展的健康和谐。国防科技工业政府机关的文化也包括两种成分（见图3-3）：一种是在长期军工管理过程中形成的与其他政府机关性质显著不同的军工特色文化；

图 3-3 军工机关文化结构

另一种是按照机关行政工作要求逐渐形成的与其他政府机关性质相同的政府机关文化。面对当前国际新军事变革和国家构建和谐社会的时代要求，加强机关军工文化建设，对于提高机关行政能力，从而促进国防科技工业的实力意义重大。

通过以上辨析可以看出，军工文化是军工企业文化、军工高校文化、军工科研院所文化和军工机关文化中的军工特色文化部分的总和，是军工行业的特色文化。军工文化体现出服务国防建设、推动国防科技工业发展的文化追求，承载着军工人"服务国防"的崇高境界，展现着军工人昂扬向上的精神风貌，凸显着军工人"国家利益至上，竭诚服务国防"的核心价值观。在这个核心价值观统领之下，军工文化的特色内容主要包括了 5 个方面：军工保密文化、军工质量文化、军工安全文化、军工型号文化和军工创新文化，它们因其突出的政治性、军事性而表现出与非军工行业此类文化的显著区别。

第三节　军工文化与军工企业文化的关系

军工企业是军工行业中规模最大、人数最多、文化最丰富最活跃的组成部分，它们在自身的发展中积累了丰富的文化资源，形成了具有鲜明特点的军工企业文化。虽然各军工企业经营与管理特色不同，各自的文化氛围与内容也有诸多差异，但是，因为军工企业共同服务国防科技工业建设，具有相同的军工性质，军工企业文化的发展与建设均统领于军工行业的行业文化——军工文化。反过来，军工企业文化是军工文化的有机组成部分，它的实践也生成、丰富和发展了军工文化。

一、军工文化是军工企业文化的核心

从文化体系而言，军工文化是军工行业的行业文化，是在我国军工行业发展过程中形成的文化形态；从文化内涵而言，军工文化充分体现出我国国防科技工业在发展过程中所有军工人所表现出的军工精神。作

为特殊的行业，军工企业是国家国防建设的重要战略力量，军工企业的发展对于稳固国防、提升综合国力意义非常重大。如果说军工文化是整个军工行业的行业文化，军工企业文化则是军工企业成员在一定的社会历史条件下，在长期的军工企业实践活动中所形成与积累的物质财富与精神财富，是各军工企业自身特定的价值理念、制度规范、行为方式等文化诸要素的综合。就某一个军工企业来看，军工企业文化是该军工企业结合自身发展战略而在生产与经营过程中培育的符合国防建设和国民经济建设要求的企业文化。军工企业文化对于军工企业自身优化企业环境、突出品牌战略，构建企业发展的和谐空间，营造军工企业和谐的人文氛围，高质量、高水平地提高企业的经营管理水平和核心竞争力，在整体上又好又快地推进企业的发展都具有重要意义。

1. 军工文化是军工企业文化的共同点

军工企业文化形成于军工企业生产实践的历史之中。由于所生产的军工产品不同，军工企业在各自的发展中也逐渐形成了以各自所生产的军工产品为代表的不同的军工企业文化。如核工业军工企业文化、兵器军工企业文化、船舶军工企业文化、航空军工企业文化、航天军工企业文化、军用电子军工企业文化等。这些军工企业文化的内容丰富，形式也各具特色。表面看来，各军工企业文化似乎自成体系，彼此之间关联不大，但是从军工企业与整个军工行业的关系看，尽管核工业军工企业、兵器军工企业、船舶军工企业、航空军工企业、航天军工企业、军用电子军工企业生产的产品类别不同，但都属于整个军工行业系统，是整个军工行业系统中的一部分。

因此，各军工企业都具有军工行业的共同特征。在此基础上，各军工企业的企业文化都属于整个军工行业企业文化的范畴，都具有整个军工行业文化的共同特征。整个军工行业的文化就是从各军工企业文化建设实践中提炼出来的军工企业文化的精髓——军工文化，所以说，各军工企业文化都具有整个行业文化即军工文化的共同特征。从各军工企业文化彼此之间的关系看，因为都具有军工文化的共同特征，所以，各军工企业文化是互有交叉重合的，而它们交叉重合的共同点就是军工文化。

2. 军工文化的核心价值观也是军工企业文化的核心价值观

企业文化价值观在企业文化中具有重要地位，体现了企业为什么存在的生命层面的意义。军工企业文化作为一种企业文化，自然也将文化价值观作为企业为之奋斗的精神诉求。军工企业文化的价值观是靠军工文化的价值理念来体现的。当前，在文化日益成为发展软实力的情况下，军工企业的发展需要借助于打造有实力的企业文化已成为各军工企业的共识。无论是老军工企业还是新军工企业，在发展中均非常注重培育自己的企业文化——军工企业文化。这种军工企业文化虽然根植于军工企业自身的行业特点、发展定位，但军工文化是各军工企业文化发展与建设的文化依托。任何行业的军工企业文化中的价值追求都紧密围绕着军工文化的文化价值体系，体现着军工文化的价值观，军工文化的价值观是军工企业文化的价值追求。

军工文化是人民军工在发展过程中积淀下来的光荣历史传统和宝贵精神财富，是推进国防科技事业可持续发展的重要力量。无数军工人用生命与汗水诠释了军工文化的价值观体系——爱党爱国、服务国防，无私奉献、忠诚敬业，团结协作、服从全局，艰苦奋斗、自主创新，崇尚科学、精益求精。而最核心的"国家利益至上"是军工文化价值观的集中概括。军工文化的价值体系在过去、现在和未来都是军工企业的价值追求。各军工企业文化的表达尽管不同，但是都突出了军工文化中"国家利益至上"的核心价值体系中五个层面的价值意义，军工企业文化的发展与建构也是沿着军工文化的核心价值体系主脉进行的。

中华人民共和国成立后，为了保卫祖国、发展国防事业，军工人将自己的青春无私地献给军工事业，无论是在地处深山的三线，还是在西北的大漠荒原，都留下了军工人奋斗的足迹。开辟新中国国防科技工业里程碑的"两弹一星"、载人航天事业的成功，写就了军工文化强烈的爱国主义情怀和国家利益至上的价值追求。在人民军工事业不断发展的过程中，"国家利益至上"作为军工文化的核心价值观更是被广大军工人所深刻认同。改革开放以来，爱国、报国在军工企业文化中浓烈彰显，如"航空报国，追求第一""兴船报国、创新超越""铸国防基石、做民族脊梁"的奋斗追求都在谱写新时代的爱国主义篇章，更是表明军工企业文化的价值追求是以军工文化核心价值体系为中心的,而军工企业文化的建设实践也更加有力地说明了军工企业奋斗的动力源泉来源于军工文化价值观的核心即"国家利益至上"。这也是军工文化之所以成为军工企业文化核心的关键所在。

3. 军工文化的主要内容是军工企业文化建设的基本内容

军工文化内涵深远,其主要内容体现为在军工文化核心价值观指导下的质量文化、安全文化、保密文化、型号文化和创新文化五大方面。各行业的军工企业文化建设都以此为基本建设蓝本,虽然在语言表述上不尽相同,但是作为军工企业文化建设,实际上都已将这五大方面纳入了军工企业文化建设的范畴,在此基础上延展丰富,军工文化的主要内容是军工企业文化建设的基本内容。

军工企业重视质量文化建设。习近平总书记在全军装备工作会议上强调,要坚持质量至上,把质量问题摆在关系官兵生命、关系战争胜负的高度来认识,贯彻质量就是生命、质量就是胜算的理念,建立质量责任终身追究制度,着力构建先进实用的试验鉴定体系,确保装备实战适用性。军工产品质量第一是军工企业文化建设中必须提到的内容,"严、慎、细、实"的质量意识已经牢固地贯穿于各军工企业文化建设的始终。

军工企业重视安全文化建设。由于军工产品的特殊性,军工企业比其他企业更加注重安全生产。确保生产安全的根本就是安全文化的建设,其中包括安全意识、安全理念、安全制度、安全的行为规范、安全的条件保障。因此,安全文化建设是军工企业文化建设的重要内容。

军工企业重视保密文化建设。军工生产关系到国家的国防,军工产品是国家机密,严格保守秘密是维护国家利益的必然要求。任何一点差错,都会造成非常严重的恶劣后果。军工企业对保密的严格要求是军工文化建设的必然要求,军工企业文化的建设同样也离不开这一点。

军工企业重视型号文化建设。各军工企业尽管具体的生产行业不同,但均有自己的重点型号。这些型号既是区别于其他行业的外在依据,又是本行业企业文化特殊意义的展现。通过型号文化的建设,积累精神财富,打造企业实力,为军工企业可持续发展提供精神动力,这已成为军工企业文化建设的重要内容。

与上述 4 项内容相联系，军工企业的创新文化建设同样也是军工企业文化建设的重要内容。军工企业的发展历程就是不断创新的结果，武器装备的每一次革新都是军工人将最前沿、最尖端的科学技术转化为产品的过程。不断推进创新是军工行业发展的必然要求，只有不断创新、升级换代军工产品，才能保证国防力量的充实与稳固。因此，军工企业强调创新文化的建设自然也是其文化建设的必然。

各军工企业由于所属具体行业不同，在文化建设内容上也有差异。但是，军工企业在发展中，都将质量、安全、保密、型号、创新作为企业的基本要求，这就决定了质量文化、安全文化、保密文化、型号文化、创新文化是军工企业文化建设中的主要方面，而这五项正是军工文化的五大内容。各军工企业不论规模大小、历史长短，军工文化的主要内容都是其军工企业文化建设的基本内容。

综上所述，各军工企业文化都具有军工文化这一共同点；各军工企业文化以军工文化的价值体系为价值追求；各军工企业文化以军工文化的五大内容为基本建设内容，在此基础上进行建设与发展。所以，军工文化是军工企业文化的核心，而军工企业文化则是以军工文化为核心，根据自身企业的文化背景延展出的特殊的企业文化。

二、军工文化是军工企业文化的主要特色

军工文化是在中国共产党领导下伴随着人民军工事业的发展而发展起来的一种文化形态。军工文化服务国防建设需要，是国防建设的文化；军工文化是军工系统的行业文化，是"军工"的文化；军工文化强调军民结合，是军民结合的文化。国防、军工、军民融合是军工文化的三个显著特性。军工文化是军工企业文化的核心，军工文化的特性以独特的文化品质影响着军工企业文化，是军工企业文化的主要特色。

1. 军工文化的国防特性赋予军工企业文化鲜明的国防特色

军工文化体现出服务国防建设、推动国防科技工业发展的文化追求。军工文化与我国的国防建设紧密融合，在形成、发展、建设的历程中都呈现出显著的国防特性。从军工文化的形成看，军工文化是在人民军工事业争取国家与民族独立的历史背景中不断沉淀、积累而来的文化形态，

而人民军工事业又是在维护国家安全的国防需要的历史环境中产生的。军工文化与人民军工事业的这种密不可分的共生关系，铸就了军工文化鲜明的国防特性，这种特性是军工文化区别于其他文化形态的特性；从军工文化的建设和发展看，中华人民共和国成立后，人民军工事业发展迅速，迈入正规化、现代化的发展时期，而一切围绕国防需要、维护国家安全的核心宗旨则始终如一。与此同时，军工文化也进入了不断成熟与完善的时期，人民军工事业固有的国防特性被坚定地传承在新中国成立后的军工文化的发展过程中，不断丰富着军工文化的内涵。

军工文化的国防性使军工企业文化服务国防的大局意识异常强烈。军工文化建设始终处于"国家利益至上"核心价值观体系的统领之下，体现出厚重的国防特色。军工企业直接为国防建设服务，是国防科技工业的重要组成部分，为维护国家安全、保障我国的国内建设拥有一个和平环境发挥着极其重要的作用。军工企业紧密围绕国防的战略需要，明确企业文化发展定位是军工企业文化建设的必然要求。军工企业文化在建设中突出了军工文化服务国防的文化理念。一切从国防战略的大局出发，是军工企业全体员工最为执着的奋斗信念。因为国防需要，军工企业围绕国家国防发展的整体规划和战略部署来确定和调整企业的发展规划；因为国防需要，军工企业可以不计企业得失，在国家安全需要和企业经济利润的天平上，永远向前者倾斜；因为国防需要，军工企业员工可以牺牲自己，舍小家顾大家，甘于奉献、不图回报……从企业职能到个人发展、从企业的宗旨到企业员工的个人情操，军工企业已经将服务国防的大局意识深深地融在军工企业文化的培育之中。

军工文化的国防性使军工企业文化在发展中显示出对国家和对民族深切的忧患意识，体现出一种深沉的文化责任感。与一般企业不同，由于军工企业与国防建设成效紧密相连，这就决定了军工企业必须将自身发展始终处于国际政治与军事形势的发展背景中。军工企业对国际形势的准确把握非常重要，对世界前沿军事技术的探索也是没有止境的，因此，军工企业发展的紧迫感比一般的企业更为强烈，尤其是在新军事变革的时代背景下，军工企业已经与国家综合国力的提高结合在一起，军工企业在直观意义上显示着国家的国防力、科技力的水平。军工企业在发展中时刻表现出对国家主权与民族尊严的庄严捍卫，由于这种神圣的使命感，催生了军工文化强烈的政治意识与严密的组织纪律性，军工文化的这些内在的文化品质已经成为军工企业文化的特色。

相对于其他企业而言，军工企业文化的国防特色是非常显著的，充分体现为热爱祖国、服务国防、团结协作、顾全大局，这些突出的军工文化特色是军工企业文化区别于其他企业文化的重要标志。

2. 军工文化的军工特性锻造军工企业文化的军工特色

军工文化是"军工"与"文化"的结合。"军工"二字在文化构成的深度与广度上赋予了军工文化非常特殊的行业属性。"军工"使军工文化具有了特殊的意义。军工企业文化是来源于军工行业的文化，其特色与军工文化的整体行业特性不可分割，就文化特色而言，军工企业文化呈现出军工文化的军工特色。

军工企业是特殊的产业，由于其特殊的行业属性，决定了军工企业在经营、管理思路与形式上与其他企业有所不同。军工企业强调军品生产，将军品的研发生产放在首位。改革开放以来，经过不懈的探索，军工企业已经积累了产、学、研相结合的宝贵经验，在军品的生产研发上取得了辉煌业绩。可以说，军工企业文化相对于其他企业文化，在物质文化层面更加鲜明地突出了军工产品的研发与生产，军工企业文化中这种重视军品的浓重意识是军工行业特殊的行业属性所决定的，是军工文化的特色，军工企业文化充分地展示出了军工文化的特色。

诚然，当前在社会主义市场经济的背景下，军工企业也在改革管理与经营模式，这在军工企业文化的建设上也有所表现，但是军工企业在强调创造经济利润的同时，与其他的企业又有着明显的不同。军工企业文化除了包含一般企业文化的文化品质外，其主要特征仍然在于从深处彰显军工文化的军工特色，这些特色是军工企业文化与非军工企业文化建设有所区别的重要原因。

军工企业文化以军工文化为生长根基，同样在发展与建设中传承着军工文化的军工特色。军工企业是特殊的行业，在特定产品的生产运营中，军工人铸就了艰苦奋斗、勇于拼搏、不断开创新局面的奋斗精神，在军工企业的发展中形成了吃苦耐劳、甘于奉献、勇于探求的崇高品质，在献青春、献子孙的人生中体现出军工文化富于感召力的军工魅力，这些都潜在而又深刻地影响着军工企业的经营管理、制度规范、员工的精神风貌……赋予了军工企业文化强大的生命力，同时也在严格的意义上将军工企业文化与其他非军工企业文化区别开来。

3. 军工文化军民融合的文化特性凸显军工企业文化寓军于民的特色

军工文化是军民融合的文化。军工文化具有军民融合的文化特性。人民群众是军工文化成长的沃土，与人民群众血肉相连的文化特性在军工企业文化中得到了显著体现，成就了军工企业文化寓军于民的特色。

军工文化是军民融合的文化，军工文化在发展与建设中体现出了军民融合的特色。人民军工事业发端于第二次国内革命战争时期，这一时期也是人民军队创建和发展的一个重要时期。人民军队在创建中的特色也影响着军工文化的形成。人民军队来自人民，人民军队为人民的光荣传统和优良品质，写进了人民军队的成长历史。人民军工事业将人民军队军民结合的特性自觉纳入自身的发展之中，无论是革命根据地的兵工厂还是今天各军工企业的发展壮大，从来都离不开人民群众的支持。与此同时，在军工文化最初的酝酿形成期，就已经将人民军队与人民群众生死相依、和衷共济的品质作为宝贵的精神财富，与自身的成长融在一起。早在战争年代，根据地的文化建设以喜闻乐见、丰富多彩的形式服务于人民群众，体现出早期军工文化军民结合的特色。可以说，人民与军队的血肉联系既谱写了战争年代的军民鱼水情，也将这种浓浓的情谊写进了军工文化发展的进行曲中，形成了军工文化扎根于人民群众之中的浓郁特色，随着时间的推移而成为军工文化自身的特性。

军工企业文化寓军于民的特色非常鲜明。军工企业在发展和建设中离不开人民群众的有力支持。随着我国社会主义市场经济体制的建立与完善，与此相适应，我国的军工企业也出现了一些新的变化。建立充满活力的军工企业是形势的需要，坚持寓军于民对于军工企业的发展尤为重要。一方面，军工企业要履行神圣使命——为国防需要提供先进的军工产品，提高人民军队的装备水平，为巩固我国的国防、提高综合国力做出军工企业新的贡献；另一方面，军工企业作为国民经济的重要组成部分，在促进新时期国民经济发展水平方面同样责任重大。当前，军工企业要能军能民、军民结合，探索一条中国特色的军民融合的军工企业发展道路是新形势对军工企业提出的新要求。在此背景下，形成"小核心，大协作"的开放格局是非常必要的。要扎实地做到这一点，就要切实突出军工文化发展中形成的军民融合特色，将积极性、主动性、创造性有机地纳入军工企业的发展之中。新时期，注重寓军于民，进一步增强军工企业文化的创造力、凝聚力和战斗力，推动军工企业更好更快地发展，是军工企业文化的建设要求。

军工企业与地方企事业单位的文化互动交流更加深化了军工企业文化寓军于民的军工文化特色。事实上，军工企业无论是在历史的发展中还是在面向未来的发展思路中，都将军民融合的军工文化特色作为各军工企业文化自身发展的文化特色。当前，军工企业与地方企业越来越多的文化交流不仅对双方企业的发展互有支持，更在文化的深层次上推动了军工企业文化自身的发展。在军工企业文化与地方企事业文化的联系日益紧密的氛围中，军工企业文化建设与老百姓的联系也日益密切，展示了军工文化寓军于民的特色。随着军工企业与地方企事业文化交流平台的扩大、交流渠道的增多，军工人与人民群众的联系必将更为紧密，奏响军工企业文化建设新的时代凯歌。我们相信，在探索更加适合军工企业发展道路的过程中，军工企业文化寓军于民的军工文化特色也必将更加充分地得到体现。

综上所述，在军工企业文化的发展与建设中，军工文化的国防特性赋予了军工企业文化鲜明的国防特色，军工文化的军工特性锻造了军工企业文化的军工特色，军工文化军民融合的文化特性凸显了军工企业文化寓军于民的特色。军工企业文化以军工文化独特的文化特性与文化气质为文化特色，体现军工精神、塑造军工企业的形象，展示军工企业的独特风貌，并以此作为区别于其他企业文化的重要标志。因此，我们认为军工文化是军工企业文化的主要特色。

三、军工文化引领和推动军工企业文化建设

军工文化作为军工行业不断积淀的文化形态，在发展中历经风雨却光芒四射。随着时间的推移，更是折射出独特的文化魅力。先进性、科

学性和创新性是军工文化的三个基本特征。这三个基本特征既是军工文化内在本质的集中体现,也是军工文化具有强大的社会辐射力的重要原因。军工企业文化作为一种特殊的企业文化,汲取了军工文化内核中的优秀品质,在建设与完善中以军工文化为方向,引领和推动着军工企业文化的建设。

1. 军工文化的先进性是军工企业文化发展的指南

军工文化是社会主义先进文化的重要组成部分。军工企业文化从生成到内容的具体构成,都与军工文化密不可分。军工文化的先进性已经自觉融入军工企业文化发展的血脉之中。军工企业文化也具有先进性,这种先进性是军工企业文化始终在马克思主义中国化理论的指导下站在时代潮头明确发展定位的指南。

军工文化的先进性确保了军工企业文化的理论根基扎根于马克思主义中国化理论的成果之中。军工文化的先进性源于其历史发展的必然。我国的人民军工事业由中国共产党领导开创。马克思主义与中国实际相结合一直是我党在探索中国革命和建设中所遵循的理论武器。毛泽东思想、邓小平理论、"三个代表"重要思想、科学发展观、习近平新时代中国特色社会主义思想是中国共产党在奋斗实践中的经验总结,与人民军工事业的发展同步,马克思主义理论也是中国共产党领导培育军工文化建设的理论指南。

军工文化从诞生的第一天起,就已经具有了先进性的文化特质。坚定的共产主义信仰、为祖国独立富强而拼搏的奋斗追求,为人类和平和正义而牺牲的伟大胸怀是马克思主义理论框架下军工文化不断提升文化品质的理论指引。同样,军工企业文化的培育与发展也离不开马克思主义与中国具体实践相结合的正确指引。军工文化确保了军工企业文化中的政治方向与严格的组织纪律性,使军工企业在理论上坚持社会主义方向,以毛泽东思想、邓小平理论、"三个代表"重要思想、科学发展观和习近平新时代中国特色社会主义思想为理论指导,并在具体实践中坚持"国家利益至上"的核心价值观,符合以爱国主义为核心的民族精神。

军工文化的先进性确保了军工企业文化的发展始终站在时代的潮头,具有长远的战略眼光。军工文化之所以能成为先进文化,原因之一就是军工文化的发展在任何时刻都能把握时代发展的脉搏,将自己的发展与时代的特点紧密融合在一起。作为国防力量的重要组成部分,军工企业由于特殊的历史地位,必须找准自己发展的位置,即明晰自己的发展定位。这种定位的准确性在一定意义上在于认清时代形势,始终以站在时代潮头的眼光发展自己,只有具备了如此的胸怀与气度,具有宽广的视野,才能在发展中立于不败之地。军工企业文化要具备先进性,就必须汲取军工文化的这一优秀品质,在时代的大潮中进行发展与完善,在各种企业文化中呈现出军工企业文化的独特魅力。

军工文化的先进性确保了军工企业文化能够塑造和谐的文化品质。军工文化之所以具有先进性,一个重要原因就在于军工文化既重视大局意识,又注重人与企业、企业与社会的和谐发展,是一种和谐文化。当前,在中国特色社会主义市场经济体制下,我国的军工企业也在经历管理模式与经营方式的改革。在改革的过程中,与其他企业一样,军工企业也面临利益调整的问题,在建设社会主义和谐社会的背景下,如何打造和谐的军工企业文化是各军工企业在企业文化建设方面必须要面对的严峻课题。军工文化的先进性包含了和谐的文化元素,是指导军工企业文化和谐建设的有力依据。

军工文化的先进性确保了军工企业文化始终坚持马克思主义中国化理论的正确指导,始终顺应历史趋势,站在时代潮头、走在时代前列,为打造和谐的军工企业文化,使军工企业文化在定位与发展的关键节点上具有明确的文化理路,从而为军工企业文化成为先进的企业文化提供可靠保障。因此,军工文化是军工企业文化明确发展方向的指南。

2. 军工文化的科学性是军工企业文化求真求实的基础

军工文化是科学的文化形态,具有科学性。军工行业是特殊的产业,高、精、尖的技术水准是军工行业对自己的一贯要求。随着人民军工事业的发展,军工文化的科学文化理念也不断地融进新的内涵。军工人求真求实的奋斗追求是军工文化科学性的本质体现。军工企业在打造文化软实力的同时,也将军工文化的这一基本特征继承下来,并以此作为军工企业文化求真求实的立足点。

军工文化的科学性促进了军工企业文化始终沿着科学性的道路发

展，保证军工企业在新军事变革中处于科技前沿。战争年代，尚在形成中的军工文化就非常注重对科学理论的宣传，体现出崇尚科学的风尚和鲜明的科学性特征，尽管当时环境艰苦、条件简陋，但是老一辈无产阶级革命家并没有忽略对提高科技水平和培养科技人才的高度重视。毛泽东等领导人曾经多次号召"多学一点自然科学"，掌握科学知识，提高了解自然、改造自然的能力。在抗战最艰苦的岁月，党集中力量，建立了延安自然科学院等一批战时大学，培养了一大批形势发展急需的优秀科技人才。可以说，党对科学尤其是自然科学的高度重视，深化了早期军工文化形成中的科学报国思想。

中华人民共和国成立后，"两弹一星"和载人航天事业的巨大成功成为军工人的骄傲，辉煌的成就极大地增强了中国的科技实力，提升了中华民族的民族自信心，鼓舞着军工人勇攀科技高峰、为增强我国国防力量和综合国力而不懈奋斗。之所以能取得这些成就，正是军工人凭着对军工事业的无限热爱，在追求科学真理的征途上不畏艰险，在一次次试验中探索科学真谛，用严、慎、细、实的科学品格，把军工文化自形成之日起就承载的对科学真理的永恒追求更加坚实地内化为军工文化的科学性。

军工文化的科学性使新军事变革背景下军工企业文化的科学品质更加突出。与其他行业相比，军工产品本身科技含量更高，为应对未来的高科技战争，各国都非常注重新一代军工产品的研发，而在此背景下的军事变革以更高的标准对军工企业提出了更高的要求。在这种形势下，我国军工企业需要更加科学的管理、更加过硬的科学技术、更加优秀的科技人才，真正在企业内部从深处落实科学发展观，构建科学的发展理念，所有这些都是新形势对军工企业的必然要求。军工企业文化必须为军工企业的科学发展提供文化推进力量。因此，军工企业文化在现实的发展中必须在军工文化的科学指引下，在企业软实力的建设中汇聚力量，保证军工企业文化科学发展，推进军工企业在新军事变革中始终把握主动性，立于不败之地。

3. 军工文化的创新性是军工企业文化不断发展的动力

军工文化是创新文化。军工文化的创新既包括物质文化层面的产品创新、技术创新，行为文化层面的管理体制创新，更重要的是指精神层面的文化创新。军工文化的创新性在当前建设创新型国家的背景下尤为重要。军工企业文化是特殊的企业文化，其创新品质的形成来源于对军工文化中创新性的继承和发展。军工文化的创新性推动军工企业物质文化、制度文化、行为文化等的创新，促进军工企业打造军工企业文化精品，是军工企业文化不断推进发展的动力。

军工文化的创新性是军工企业文化保持旺盛生命力的不竭之源。军工文化的文化体系是中国共产党人在马克思主义理论基础上，继承中国传统文化的精髓，在融合世界优秀文明成果基础上结合我国军工行业的发展实际而发展起来的文化。军工文化体现了中国共产党人对时代发展的深刻认识，是不断开拓创新的文化。正是不断创新，才催生了军工文化旺盛的生命力。在新的时代背景下，军工文化除了不断将自身的优秀历史传统进行新的解读、发扬光大之外，也非常注重开阔视野，将各种文化之中的优秀成分作为营养源注入自身的发展中，从而使军工文化获得了开拓创新、不断发展的前进动力。军工企业文化只有将军工文化的这一特征吸纳在自身的发展与建设中，成为自己的文化品质，才能鼓励全体员工时刻注重创新，在文化的塑造中真正形成创新氛围，而这种浓郁的创新文化氛围最终会推动军工企业不断实现创新。

军工文化的创新性在军工企业的体现是物质文化层面的技术创新。创新是科技发展的生命力，只有提高创新能力，研发新的军工产品，才能形成技术优势、加快创新步伐、实现技术跨越。当前，面对新形势和新任务，军工行业必须拥有自主创新能力，在吸收外来先进技术的基础上，坚持自力更生、艰苦奋斗，在军工核心技术领域实现高难度技术攻关，在标志性的创新项目上多有建树，才能为我国国防力量以及综合国力的提升做出军工行业的特殊贡献。

军工文化的创新性是军工企业制度文化和行为文化创新的推动力。军工文化的创新性是提高军工行业管理水平的重要原因。制度文化和行为文化从文化层次而言属于管理层面的文化，军工企业的发展也是靠不断地推进管理理念的进步与管理水平的提高来实现的。而制度文化与行为文化的创新就是推动军工企业发展的文化力量。军工企业的制度文化是从领导层面对企业实施管理的各种制度、规范的综合文化载体;军工企业的行为文化是军工企业的全体员工在军工生产与经营中的行为表现的综合文化载体。在军工企业发展和建设的实践中,军工企业的进步,正是由于注重与时俱进地吸收新的管理经验、更新管理理念,在企业中形成向心力与凝聚力;正是军工企业的员工注重在行为规范上与企业的形象相符,更好地展现了企业的发展活力与企业风貌。军工文化的创新性是军工企业制度文化与行为文化创新的基本依据,制度文化创新与行为文化创新是激发军工企业的内在动力和发展活力,是推动军工企业不断发展的可靠保障。

军工文化是行业文化,是军工企业文化的核心。军工文化是在各军工企业的具体实践中积累经验从而获得不断发展的。军工文化的先进性、科学性、创新性的基本特征来自对各军工企业文化建设经验的提炼,提炼出来后又成为军工企业文化建设的指南;军工文化的先进性是军工企业文化明确发展定位的坐标仪;军工文化的科学性是军工企业文化求真求实的立足点;军工文化的创新性是军工企业文化不断推进发展的动力源。军工文化赋予发展与建设中的军工企业文化以先进性、科学性和创新性的文化品质,引领和推进着军工企业文化建设。

四、军工企业文化的实践生成、丰富和发展了军工文化

作为军工文化的有机组成部分,军工企业文化的实践生成、丰富和发展了军工文化。

1. 军工企业的文化实践产生并发展了军工文化的理论

军工文化从总体而言,是理论概括。理论的产生和发展需要实践基础,正是军工企业的文化实践为军工文化理论的产生和发展提供了实践基础。理论的指导意义只有在实践中才能体现出来——文化理论需要落地。而军工文化的落地、生根、发芽、开花、结果,都需要有实践的土壤与空间。各军工企业的文化实践正是军工文化得以实施的具体渠道,是军工文化理论能够发展的实践环境。

军工企业文化的实际效应是军工文化理论实施效果的重要检测依据。军工文化作为共性文化,具有指导意义,而各项理论原则的实施效

果如何还有待于实践检验。军工企业文化建设在建设中所取得的成效、所表现出的不足，都是军工企业文化在实践层面对于军工文化的具体反馈，而这种在实践中得到的宝贵经验与教训，在一定程度上对于军工文化在理论方面的改进与提高具有特殊意义。军工文化的建设指导理论也只有在军工企业文化的建设实践中才能得到具体的验证。军工文化理论只有经过在各个不同军工企业的文化实践，在军工企业文化的具体建设环节中得到实践的论证，正确的得以发扬，不妥的得到修正，周而复始，循环往复，其理论水平才能获得不断的提升。而经过提升的军工文化的理论在接下来的理论指导中，才能更好地发挥理论作为行动指南的作用，在推进军工企业文化建设的实践中真正起到指导作用。

军工企业文化为军工文化形成完整的军工文化理论提供了可供汲取的实践营养。归根结底，军工企业文化是军工文化理论的来源，军工文化建设水平整体的提升离不开各个军工企业文化的建设实践。军工文化的建设必须扎根于军工企业文化之中，紧密依托于军工企业文化的建设实践，才能概括出军工企业文化中具有共同特点、共性特征的军工文化理论。正因为如此，军工企业文化在长期的建设实践中，总结出的宝贵经验是军工文化建设的基本依据，军工文化只有不断地汇总军工企业文化建设的实践经验，进行系统的比较与归纳，才能寻找出各军工企业文化在建设中规律性的内容，进行梳理与系统分析，最终上升到理论层面，形成具有指导意义的军工文化理论。军工文化的整体建设水平正是在实践与理论的双向互动与紧密融合中得到总体上的提高与飞跃的。

2. 军工企业文化的实践深化着军工文化的核心价值观

军工文化从诞生之日起，就凝聚了爱国主义的鲜明特色。军工企业在发展中时刻践行着"国家利益至上"的军工核心价值观，使军工文化"国家利益至上"的文化气质和核心文化价值观在军工企业文化的实践中不断得到深化。

军工企业在军工产品的生产和研制中实践着军工文化的核心价值观。国防科技工业在发展的进程中，正确处理了国家利益与行业利益、企业利益的关系，时刻都把保障国家安全作为核心的价值追求。改革开放以来，军工企业日益成为我国国防科技工业的重要产业，是国家国防建设的重要战略力量。军工企业的发展对于稳固国防、提升综合国力意义尤为重大。可以说，军工企业对于国家利益的重要意义决定了军工企业文化建设必须要实践军工文化的价值观，军工文化的核心价值观也正是在军工人无私的奉献中得到具体诠释的。

"国家利益至上"始终是军工企业文化建设实践中最明确的宗旨。在军工企业文化的建设中，对"国家利益至上"核心价值观的永恒追求，已经成为军工企业全体员工自觉的奋斗理念，体现出军工企业文化中最核心的奋斗追求。无论是在什么时候，"国家利益至上"始终是军工企业文化建设实践中最明确的宗旨。"国家利益至上"已经是军工企业员工的一种异常坚定的价值诉求，是任何时候都毫不动摇的军工企业文化核心和根本，这无疑使军工文化的"国家利益至上"的核心价值观得到了更加具体的升华。"国家利益至上"既是对军工文化核心价值观的具体践行，也在实践层面深化了军工文化核心价值观的内涵。

3. 军工企业文化的实践丰富着军工文化的建设内容

军工企业文化所体现出的军工文化的特色，是军工企业的文化特色。各军工企业的研制与生产环节都包括了注重严格保密、提升质量、保障安全、研发型号和开拓创新。在军工企业文化的建设中也就形成了军工企业保密文化、军工企业质量文化、军工企业安全文化、军工企业型号文化、军工企业创新文化五大特色内容，这五大特色内容使军工文化的主体建设内容得到不断的充实和丰富。

军工文化的建设内容总结于军工企业的生产实践。保密工作是军工企业一项长远的政治任务，军工企业这种长期自觉的自我要求与约束及对全体员工保密意识的培养，已经成为军工企业文化的一项特色内容；在军工企业的生产实践中，军工质量文化建设是军工企业文化建设中的基础特色内容；军工产品及其生产的特殊性要求军工企业格外重视安全生产，军工企业的安全文化自然成为军工企业具有保障性的特色内容；重点型号是军工企业的标志，军工企业型号文化也已经成为军工企业文化建设的特色内容；军工人正是依靠自力更生、自主创新才取得了重大技术的突破，使新产品不断问世。军工文化的五大建设内容即保密文化、质量文化、安全文化、型号文化、创新文化正是从军工企业文化具体的建设内容中提炼与概括出来的。

军工企业的生产实践不断丰富着军工文化的建设内容。军工企业文化建设时刻都在实施五大内容的建设，军工企业文化在建设中的具体实践，不断丰富和细化着军工文化的建设内容，使军工文化的建设内容能够表现在一个个具体和鲜活的生产实践环节当中。军工文化建设在实践中的经验积累，使军工文化的建设内容更加丰满与完善。换言之，军工文化的建设内容也只有在军工企业的生产实践中，才能得到具体的体现；军工文化的各项建设内容也只有在军工企业的生产实践中才能连贯地贯穿在一起，从而焕发出蓬勃的文化生机。

军工文化与军工企业文化之间二者相辅相成，互为影响，呈现出明显的互动与融合关系。军工文化是军工企业文化的核心，是军工企业文化的主要特色，引领和推动军工企业的文化建设；军工企业文化是军工文化理论基础具体实施的实践环境，军工文化的总结、提炼、再总结、再提炼的过程是通过军工企业文化建设具体的实践过程与环节来得以完成的，也不断地检验着军工文化理论具体的实施效果，从而为军工文化的反复总结与提炼提供依据，不断提高着军工文化的整体建设水平。军工文化与军工企业文化正是在互动、互融的关系中实现了双赢的战略意义，共同推动着我国国防科技工业的建设和发展。

第四节　军工文化的社会功能

作为一个由多种要素组成的复杂系统，军工文化必定具有影响、改变其他系统以及抵抗承受其他系统的影响和作用的能力，从而从周围环境中取得物质、能量、信息而发展自身。也就是说，军工文化系统自身具有一定的功能。总的说来，军工文化的功能主要包括内部功能和外部功能两个部分。所谓内部功能，指的是军工文化影响和作用于军工行业的能力；所谓外部功能，指的是军工文化影响和作用于军工行业之外的其他系统和环境的能力。

一、军工文化的内部功能

军工文化的内部功能包括凝聚功能、推进功能和稳定功能。

军工文化的凝聚功能是指军工文化是凝聚军工行业的强大精神力量。军工文化具有一种黏合剂和强磁场作用,把军工组织成员紧紧地联系在一起,同心协力为实现共同目标而努力拼搏。军工文化的凝聚功能,首先表现在军工组织全体成员思想上增强了凝聚精神,然后在行动上表现出强大的合力,推动企业向前发展。军工组织的共同价值观、共同目标把组织成员凝聚成一个整体,使职工与组织有"同生死、共命运"的使命感。军工文化的凝聚功能,使军工组织在逆境中,能够经受失败与挫折,团结一致地迎接挑战;在顺境中,能够再接再厉,更上一层楼。

军工文化的推进功能是指军工文化是军工事业强大的推进力量,是军工文化内部功能中最重要的核心功能,它表现在两个方面:首先,军工文化让军工组织及其成员寻求自身工作的社会意义,建立起社会动机,真正调动起组织成员的积极性、主动性和创造性。军工文化把军工组织成员看作"文化人",强调精神和文化的作用,特别注重满足他们的自尊、自信和自我实现的需要,激励他们奋发向上。其次,军工文化的推进作用还表现在为国防科技工业的发展提供了重要的思想保证和智力支撑。从某种意义上说,军工行业的发展,关键取决于军工组织成员的思想觉悟和智力水平。这种觉悟和水平往往受到科学理论和思想文化的制约,受自然科学、哲学社会科学发展水平的影响。军工文化具有弘扬民族精神、振奋爱国热情的教育功能,特别是能够通过加强思想道德建设,提高军工人的思想觉悟,激发建设国防科技工业的劳动热情、创造激情和奉献精神。军工文化极大地提高了军工人的思想道德素质和科学文化素质,提高了他们的思想觉悟,开发了他们的智力资源,给他们以理论引导和知识力量。

军工文化的稳定功能是指军工文化是保证军工战线安全稳定的社会环境和安定团结的政治局面的强大力量。军工文化的稳定功能表现在两个方面:首先,军工文化的稳定功能表现在它能给军工组织员工创造一种良好的环境和氛围。在军工企事业改革面前，在面临市场竞争面前，在改革带来的新情况、新问题面前，军工文化建设体现着党和国家对军工战线的关怀与爱护，起到了理顺职工情绪、调节各种矛盾、体现社会公平等稳定作用。同时，军工文化所具有的共同价值观念，使军工组织成员具有共同的价值取向和行为取向，有利于克服困难、减少摩擦、沟通思想、互通信息，有利于协调相互之间的关系，建立良好的人际关系，形成团结和谐的气氛。并且，军工组织还可以通过各种文化娱乐活动，增进组织成员之间的友谊与和谐。其次，军工文化的稳定功能还表现在它对军工组织及其成员行为所起的约束作用。军工文化不是一般的规章制度，它没有固定的条文来进行约束。但是，军工文化是军工组织内部一种约定俗成的东西，是组织内部上下员工必须共同遵守的行为规范和思想道德准绳。军工文化会对职工产生潜移默化的影响，使成员自觉地按照其要求来规范自己的行为。军工文化这种约束功能是一种软约束，但这种软约束，比规章制度等约束更为持久、有效。

二、军工文化的外部功能

军工文化的外部功能包括辐射功能、竞争功能和生成功能。

军工文化的辐射功能是指军工文化不断地在向社会发散、辐射和展示各种军工行业的信息，从而提高军工组织的社会形象和社会影响。这种辐射功能包括3个方面："软辐射""硬辐射"和"人辐射"。军工文化的"软辐射"，是指军工组织的价值观、伦理道德和行为规范等"软件"在向组织成员扩散的同时，也通过各种传播媒介向社会辐射。国家有关部门通过评优、评奖等活动，引导其他行业向军工行业学习，从而使先进的军工优秀文化能更快地向社会辐射。军工文化的"硬辐射"是指军工文化以军工产品为载体的传播和辐射。军工产品本身包含着军工文化因素，人们通过接触产品从而对军工行业形成一定的印象和评价，使军工组织的声誉及社会形象大大提高。军工文化的"人辐射"，是指军工文化通过军工组织成员向社会辐射。军工人是军工组织的主人，也是军工文化的主体，军工组织成员与他人交流军工组织的产品和服务时，便在传播军工文化。尤其是军工组织间的人才流动及军工组织成员的社会关系等，形成了一个面向社会的军工文化辐射网。

军工文化的竞争功能是指军工文化是构成军工行业竞争力、国防实力乃至综合国力的重要因素。当今世界，文化与政治相互交融，在综合国力竞争中的地位和作用越来越突出。一个民族、一个国家如果没有强大的文化力量支撑，就不可能自立于世界民族之林。一个行业、一条战线，如果没有优秀的文化精神塑造，就会失去凝聚力和生命力。加强军工文化建设，既要提高国防科技工业的综合实力，又要增强国防实力和综合国力。长期以来，军工行业结合军工科研、生产实践，深入开展爱国主义、集体主义、社会主义和革命英雄主义教育，结合实际，大力弘扬"两弹一星"精神和载人航天精神，继承、发展并丰富了中华民族文化的思想内涵，启迪了军工人的爱国热情和社会责任感，提高了民族自尊心、自信心和自豪感，增强了完成党和国家赋予的光荣任务、推进国防现代化和科学技术现代化进程的历史使命感。所有这些，都是促使军工行业竞争力不断增强的重要因素。

军工文化的生成功能是指军工文化是社会主义先进文化的重要组成部分和重要生成来源。首先，军工文化是社会主义先进文化的重要组成部分。在长期的历史实践过程中，国防科技战线始终坚持马克思列宁主义、毛泽东思想、邓小平理论、"三个代表"重要思想、科学发展观、习近平新时代中国特色社会主义思想的指导，始终忠实地接受党的领导，执行党的各项路线、方针和政策，始终坚持社会主义先进文化的前进方向，是社会主义先进文化的重要体现和重要组成部分。其次，军工文化还是社会主义先进文化的重要生成来源。社会主义先进文化是面向世界、面向未来和面向现代化的，要以更加宽阔的胸襟，对待人类一切文明成果，不断从博大精深的传统文化中、从激昂向上的革命文化中、从健康有益的外来文化中、从与时俱进的最新文化成就中汲取营养和力量，实现社会主义先进文化内容及形式的全面创新和繁荣发展。军工文化是当代中国革命的、进步的和向上的文化样式的代表，是社会主义先进文化重要的源头。中华人民共和国成立以后，"两弹一星"精神和载人航天精神的出现，给社会主义先进文化提供了重要的内容，极大地促进了社会主义先进文化的发展。

第四章

军工特色文化

军工文化是全体国防科技工业战线成员在一定的社会历史条件下,在长期实践中逐步形成并普遍认同的行业文化,是军工行业特定的价值观念、制度规范、道德礼仪和行为方式等文化要素的总和。军工文化的特色在于坚持"国家利益至上"的核心价值观,涵盖军工保密文化、军工安全文化、军工质量文化、军工型号文化和军工创新文化五方面内容。

第一节 军工保密文化

一、军工保密文化的概念和内涵

军工保密文化,是军工特定行业领域内形成的保密文化,是军工文化的首要特色,它以"国家利益高于一切,保密责任重于泰山"为核心价值观,力求通过文化引导,提高军工行业全体人员自觉坚定保守国家秘密的良好素养和行为习惯,全面提升军工企业控制、监管、防护、发现和处置的整体保密能力,有效防止窃密、泄密事件发生,保障国家秘密安全。军工保密文化体现着军工文化的基本目标,以维护国家利益、保障军工事业安全作为根本目的。

军工保密文化是指全体国防科技工业系统成员在一定的社会历史条件下，在长期军工保密实践中产生的，为指导军工单位和个人保护国家军事秘密安全，维护军工单位利益而形成的保密思想意识、价值观念、精神成果，以及相应的行为方式、制度规范、物质载体、保障条件和社会效应的总和。军工保密文化具有以下几个特性：

1. 政治性

也称作军工保密文化的战略性。军工科技和军工情报属于国家机密范畴，既维护军工科技情报安全，也维护国家战略安全，因此，军工企业的保密工作必须作为一项政治任务来看待。改革开放以来，受到多元文化的影响，军工企业职工个性化意识明显增强，保密意识有所淡化。同时，军转民以后，军工企业与外界的联系越来越多，泄密的可能性也大大增加，这些都对新时期军工企业的保密工作提出了新的挑战。因此，重视并强调军工保密文化的战略性显得更加重要。

2. 强制性

军工保密文化的强制性，是由保密事业自身的战略重要性，以及保密制度行为规范的权威性、规范性和强制性决定的。军事秘密涉及军事工业发展，与军队和国家安全联系紧密，因此，军工保密文化通过构建制度和行为文化，对全体军工行业人员的思想行为做出警示性、约束性规范。此外，军工行业与军队有着密切的长期联系，军队文化的因素潜移默化地移植到了军工保密文化之中，使之表现出强烈的纪律性。军工保密文化要求把国家利益放在第一位，自觉服从党组织的领导，令行禁止，制度严明。因此，这种文化具有纪律约束下的强制性特征。

3. 创新性

军工保密文化植根于军事斗争和军工保密实践，并随实践发展不断创新。《中共中央关于加强新形势下保密工作的决定》明确指出："保密工作历来是党和国家的一项重要工作。革命战争年代，保密就是保生存，保胜利；和平建设时期，保密就是保安全，保发展。新形势下的保密工作直接关系到国家安全、经济发展和社会稳定，关系到建设有中国特色社会主义事业的顺利进行。"①可见，随着军事形势变化和战略调整，保密文化理念也在创新发展。军工保密文化既是保密实践的直接产物，又是保密实践的理论升华。保密实践的创新，为军工保密文化不断注入符合时代特征的创新理念；外部保密环境的变化，也激发保密主体在实践中自觉进行文化创新。因此，军工保密文化是实践创新的产物，具有显著的创新性。

加强军工保密文化建设，是维护国家利益和安全的战略需要，是推进国防军工事业发展的保障，更是强化军工企业保密力、战斗力、防御力的基础工程。只有回答好"什么是军工保密文化"这一问题，才能为回答"怎样建设军工保密文化"提供良好的起点。因此，军工保密文化的内涵体系，仍需不断探索和完善。

二、军工保密文化的结构

军工保密文化包括精神理念核、制度行为层、物质形象壳三个层面，三者既有区别又有联系。精神理念是灵魂，决定着保密制度行为、物质形象的性质和方向；制度行为是精神理念落实的保障，体现和表达着保密精神理念；物质形象是精神理念的载体，是保密精神理念固化和形象化的标志。三个层次密不可分，互相影响，共同构成军工保密文化这一整体。

（一）军工保密文化的精神理念

精神理念是军工保密文化的灵魂，也是军工保密行为的最高准则和原始动力，集中体现在保密价值观、理念和精神中，潜移默化地成为全体军工人的自觉情感认同和共同价值取向。军工保密文化的精神理念包含"国家利益高于一切，保密责任重于泰山"的保密核心价值观，"保密就是保国家安全，保单位发展，保家庭幸福，保个人前途"的保密理念，"保密就是保威慑力，保战斗力，保竞争力"的保密宗旨等内容②。

核心价值观是军工保密文化的基础。任何国家、民族、社会、行业

---

① 巨乃岐，卢晓莉，王恒桓，等. 军队保密文化建设论纲 [J]. 保密科学技术，2011（4）：44.
② 孙战国. 保密文化建设进行时——中国航天科工集团公司保密文化建设纪实 [J]. 保密工作，2012（3）：24.

都有自己的核心价值观,它是一定的国家、民族、社会和行业得以运转,一定的秩序得以维持的基本精神依托。军工行业在长期保密实践活动中,必定会形成一定的价值观念,这是巩固军工行业人员为保密实践团结奋斗的共同思想基础,也是军工保密事业赖以存在和发展的根本前提。军工保密文化核心价值观的内涵集中体现为"国家利益高于一切,保密责任重于泰山"。

"国家利益高于一切"体现国家利益至上的根本要求。军事工业承担着重大的政治、军事职能,军工涉密信息关乎国家利益和战略安全,这决定了军工保密文化必须将保守国家秘密、维护国家利益作为最高准则。从企业职能看,军工企业的首要任务是"服务国防",为我军生产研制并提供各类型号装备。企业内一旦发生窃密、泄密事件,将直接影响国家军事安全和军队现代化建设进程。因此,军工企业的性质决定其要服从国家利益,以"国家利益高于一切"作为根本价值追求,这个中心在任何时候都不能动摇。

"保密责任重于泰山",是指全体军工人员要牢牢树立"责任第一"的观念,以强烈的责任意识、责任理念指导军工保密实践。军工保密事业牵涉国家利益和军事战略安全,军工涉密人员的责任感是做好保密工作的基础和动力。"责任第一"的核心就是将责任意识和理念转化为保密实践中的责任态度、行动和机制,进一步强化警戒意识和防范意识。通过树立"责任第一"的理念,把保密变成一种自我需要和自觉习惯,在细节中落实保密责任。

"国家利益高于一切,保密责任重于泰山"代表了军工保密文化的核心价值诉求,是军工保密文化最本质、最重要的内核,它体现为以下四种精神:

1. 热爱祖国、忠诚国家的爱国精神

爱国主义精神是军工保密文化核心价值观在国防科技工业战线的集中体现。热爱祖国、忠诚国家,是全体军工人在长期生产和社会实践中形成的对祖国的无比忠诚和热爱的深厚情感。爱国精神,对外表现为强烈的民族自信心、自尊心和自豪感,对内表现为全体军工人在保密实践中维护国家荣誉和利益、维护国防军工事业利益的使命感和责任感。在

长期军事斗争和军工生产实践中，全体军工人把关心祖国的前途命运视为自己义不容辞的职责。以爱国精神为情感基础、道德基础和责任基础，产生了"国家利益高于一切"的理想信念和价值追求，这一精神在军工保密实践中得到了充分体现。

2. 高度警惕、居安思危的责任精神

军工保密事业是一项防患于未然的基础工程，涉密工作的性质尤其敏感，责任尤其重大。为防止出现因泄密、窃密事件导致的不可逆转的损失，军工行业人员尤其要发扬扁鹊的大哥"良医治未病"的防范精神，高度警惕、居安思危。长期以来，军工行业人员在保密实践中形成了"积极防范、以防为主、保放结合、疏堵兼具"的安全保密防护体系，形成了"全面防范，全员参与，全程受控"的保密管理文化[①]，使全体员工筑牢保密思想防线，自觉养成良好的保密素养和行为习惯，充分体现了新形势下军工行业人员自觉防范的责任精神。

3. 精益求精、率先垂范的敬业精神

现代军事工业是科技含量极高的产业，与高新科技发展密切相关，对保密工作的技术要求和综合要求都很高。军事工业是国家战略性产业，保守军工秘密不能有一丝一毫马虎。因此，军工人员需要充分发扬"精、严、细、实"的工作作风，以率先垂范的责任心和精益求精的敬业心做好各项工作。为积极迎接高技术发展给军工企事业单位保密工作带来的严峻挑战，全体军工人应始终以高度的责任精神和敬业精神对待保密工作，坚持从自身工作细节、行为习惯、技术训练等方面做起，强化保密意识，提升保密能力，改进保密技术，完成保守国家军事秘密的使命。

4. 宁死不屈、抵御诱惑的牺牲精神

在革命战争年代，投身于兵工生产第一线的战斗英雄们，夜以继日地为新中国胜利生产研制武器装备。为保卫国家安全和利益，老一辈军工人甚至付出了生命代价，这种视死如归的牺牲精神，是"国家利益高于一切"价值观的突出体现。进入和平建设时期，军工

---

① 阎萍. 保密文化，军工家风——军工企业实施保密教育和管理初探[J]. 保密工作，2012（3）：48.

保密斗争形势发生了深刻变化,敌对势力在暗处的拉拢、腐蚀和渗透极大地考验着军工人的理想信念和价值追求。任何时候,军工人员都应始终奉行"国家利益高于一切"的宗旨,抵御各种诱惑,在个人利益和国家利益之间毫不犹豫地选择后者,体现出崇高的英雄气概和品格。

(二)军工保密文化的制度行为

制度行为是军工保密文化得以实现的保障。它一方面包含制度规范,如保密法律法规、规章制度和管理文化等;另一方面包含行为规范、习惯作风等。在长期军工保密实践中,制度行为的内容也在不断丰富。如中央推行的军工保密资格审查认证制度,有效地规范和改进了各单位的保密工作;航天科工集团制定的"积极防范,突出重点,依法管理"的保密工作方针、"业务谁主管,保密谁负责"的保密工作原则,使单位保密管理能力显著提升;北京理工大学作为国防军工院校,在保密管理中提出"以无情的管理规范人、以热情的宣传鼓舞人、以衷情的教育培育人、以有情的服务支持人"的服务理念,优化了保密服务质量。在行为层面,航天科工集团制定的《保密文化手册》中对全体员工提出"遵章守信,尽职尽责,严慎细实"的保密行为准则、"人人知保密,事事讲保密"的保密行为规范,并创作了保密管理口诀等,有效督促员工规范行为、养成良好的保密习惯。

(三)军工保密文化的物质形象

物质形象是军工保密文化的外在载体,分为物质载体和形象载体两个方面。物质载体主要包括保密环境氛围、仪器设备和保密技术等。比如,航天科工二院二〇七所等单位在工作场所张贴的保密宣传标语、展板、漫画,以及各类提示规定等,以及一切有利于普及保密知识、增强保密意识、营造保密氛围的文化宣传设施、场所和环境等,都属于物质载体的范畴;此外,伴随着信息技术、网络技术、空间技术等高技术发展而形成的保密技术手段,也属于保密的物质载体。形象载体包括保密实践中的先进人物和典型事件。军工单位通过表彰、宣传先进人物和事件,创作保密文化作品等,对外树立军工保密事业的良好形象,对内发挥文化的引领示范作用。总而言之,军工保密文化的物质形象是保密与窃密交锋角逐、相克相生的前沿阵地①，也是展示保密形象、发挥文化引导作用的重要窗口。

三、加强军工保密文化建设的举措

军工保密文化建设是我国军事工业健康发展的内在要求，是军工企业竞争力的重要组成部分。近年来，国际国内形势复杂多变，信息技术迅猛发展，窃密、泄密事件频发，我国军事工业面临的保密形势日益严峻，深入研究和创新发展军工保密文化成为军工发展的必然要求。

加强军工保密文化建设，需要落实保密工作责任。落实保密工作第一责任人制度，明确规范各级保密干部应承担的领导责任和应当履行的保密职责，把保密工作领导责任制落实情况纳入领导干部绩效考核内容。各负责人既要带头学习钻研保密业务知识，及时了解最新的保密工作动态和掌握最新的保密技术和技能，同时还要高度重视、精心组织、周密部署各级保密日常工作，加强保密日常流程化管理，让保密工作、保密制度落到实处、贯彻到工作的各个环节。

加强军工保密文化建设，需要健全保密管理机制。保密制度文化是保密管理的重要保障，是保密文化建设的基础。军工保密职责部门应该参考《保密法》等相关法律规定，针对本组织、本企业的自身特点，结合研发、生产各个流程、重点环节梳理、制定相应的保密制度，严格保密制度的权威性、规范性与强制性，确保保密工作有法可依、有章可循，保证保密工作体系高效运行。同时，要把保密工作与业务流程结合在一起，做到精细化管理、流程化管理，以增强保密工作的主动性和预见性，对保密工作做到事前管理、事前预警。

加强军工保密文化建设，需要提高技术防范水平。随着科学技术的日新月异，竞争对手的窃密手段更加多样，形式更加隐蔽，领域越加广泛，所以，迎接新技术发展给军工保密工作带来的挑战，提高保密技术手段，建立多层次、全方位的技术防范系统是当前加强军工保密文化建设的重点工作。各军工企业应该加强对涉密场所、设施设备

---

① 巨乃岐，王恒桓，田华丽，等. 军队保密文化研究的价值探析[J]. 信息安全与通信保密，2012（1）：87.

和信息领域的技术管理和监控，以涉密载体和涉密信息为管控重点，在各项保密业务管理与业务流程中采取技术管控措施，及时升级技术防范标准，要采取管理创新和技术创新相结合，通过技术手段提升保密水平。

加强军工保密文化建设，需要持续普及保密教育培训。保密工作是一项长期性的基础工作，只有不断地普及保密宣传教育，才能不断提高企业员工的保密意识，形成"保密责任重于泰山"的保密价值观。要充分利用广播、报刊、网络平台、微课等丰富多彩的教育培训形式加强保密意识和保密责任教育，营造保密安全工作氛围。通过保密培训，增强员工对保密工作严峻形势的清醒认识，加深对保密规章制度的深刻理解，充分掌握保守军事科技秘密的方法和知识，提高对涉密内容的辨识能力，提高保密防范意识。

第二节　军工安全文化

作为国家重要的战略性产业，国防科技工业科研生产单位既承担着大量军品研制的生产任务，又必须履行重要的社会责任。因此，确保国防科研生产单位的安全生产具有重要的意义：一方面，国防科研生产单位的安全生产，是确保军品研制顺利进行的重要保障。国防科研生产的产品都具有极大的复杂性，任何技术措施或管理错误都容易造成重大事故，通过安全文化建设规范国防科研生产过程中的不安全因素，可以有效保障军品研制过程的安全性，确保国防所需装备的及时交付。另一方面，国防科研生产单位一般规模较大，对国家和地方经济发展的拉动作用较强。大力开展军工安全文化建设，提升军工科研生产单位安全生产水平，也是国民经济健康稳定发展的重要保障。因此，通过对军工安全文化建设的研究，可以形成系统的军工安全文化建设机制，改善军工生产活动的安全水平，提高国防科研生产单位与周围居民的和谐共处能力，提高国防科研生产活动的经济效益和社会效益。

一、军工安全文化的概念和内涵

1. 安全文化

安全文化研究最早起源于企业安全管理。从有关安全科学的理论研究来看,伴随着科学技术发展和企业生产目的变化,安全科学研究出现3个发展阶段[1]:20世纪20年代侧重通过改善技术因素控制事故;20世纪50年代开始,侧重通过对人为失误的控制减少事故;到了20世纪90年代,研究重点从人的因素转向组织因素,即通过控制组织失误改善安全生产。通过组织文化完善企业安全生产成为安全管理的重要手段。

琐辖[2](Zohar,1980)是较早进行安全文化研究的学者,他在1980年首次使用安全气氛(safety climate)的概念,并把安全气氛定义为组织内员工共享的对于具有风险的工作环境的认知。他通过问卷调查研究发现了安全气氛的8个维度:安全课程的重要性、安全的管理态度、个体的社会地位、安全操行在晋升时的作用、工作场所的风险水平、安全员的地位、安全操行在社会地位中的作用、安全委员会的作用。他的研究提出的安全气氛实质上就是安全文化。D. P. Glennon[3]也是从安全氛围的角度界定安全文化,认为安全氛围是一种特殊的组织氛围,是员工对于能够直接影响他们减少或去除危险行为的组织特性的感知;总的来说,安全文化和安全氛围的区别并不重要,当前普遍使用的说法是安全文化。

T. R. Lee[4]认为,组织的安全文化是个人和团体的价值、态度、感知、行为模式的产品,决定了组织的健康和安全管理的承诺、类型、精通程度;Sorensen[5]讨论了安全文化和核电厂安全的关系,认为安全文化包括

---

[1] 刘铁忠. 基于组织学习的企业安全管理能力研究[D]. 北京:北京理工大学,2006.

[2] BARKAN R,ZOHAR D,EREV I. Accidents and decision making under uncertainty:a comparison of four models[J]. Organizational Behavior and Human Decision Processes.1998,74(2):118-144.

[3] GLENNON D P. Safety climate in organizations[A]. Proceedings of the 19th Annual Conference of the Ergonomics Society of Australia and New Zealand[C]. 1982:17-31.

[4] LEE T R. Perceptions,attitudes and behavior:the vital elements of a safety culture[J]. Health and Safety,1996,(10):1-15.

[5] SORENSEN J N. Safety culture:a survey of the state-of-the art[J]. Reliability Engineering and System Safety,2002,76:189-204.

良好的组织沟通、良好的组织学习和高级管理体制；G. K. Gill[①]研究了航空系统安全管理系统的效能（effectiveness of safety management system）与安全文化的关系，指出了积极的安全文化对安全效能的影响；徐德蜀[②]指出安全文化环境直接影响管理机制的运行和员工的适应能力，决定了安全管理的效能。这些研究都指出，安全文化作为企业文化的一种特定形态，可以从组织的构成要素和组织的运行机制等方面对企业安全管理效能产生积极的影响。

从安全文化的构成要素看，S. Cox 和 T. Cox[③]认为安全文化反映了与安全相关并可为员工所共享的态度、信仰、感知和价值；N. DeDobbeleer 和 F. Beland[④]认为安全氛围是人们关于他们的工作环境的零碎的感知；N. F. Pidgeon[⑤]认为安全文化是与危险或伤害有关的一系列信仰、规则、态度和社会与技术实践。这些观点阐述了安全文化具有企业文化特性，指出了价值观和行为规范这种一般企业文化所具有的特征也适用于安全文化。

从这些对安全文化的理解出发，可以把安全文化分为安全价值观和安全行为规范两个方面，既包括深层次的文化，也包括外显的氛围。

2. 军工安全文化的内涵

军工安全文化属于军工文化的特色文化之一，形成于核、船舶、兵器、航空、航天等国防科研生产单位长期的安全生产实践之中，是军工企业安全生产活动中体现出来的文化，以保障国家利益与人民生命财产安全为目标，是军工企业的安全价值观与安全行为规范的集合，通过军工企业组织体系对军工企业生产系统施加影响，具有很强的稳定性。

---

① GIU G K, GURVINDER S S. Perceptions of safety management and safety culture in the aviation industry in New Zealand [J]. Jurnal of Air Transport Management，2004，（10）：233-239.

② 徐德蜀，邱成. 安全文化通论 [M]. 北京：化学工业出版社，2004.

③ COX S，COX T. The structure of employee attitudes to safety: an European example [J]. Work and Stress，1991，5（2）：93-106.

④ DEDOBBELEER N，BELAND F. A safety climate measure for construction sites [J]. Journal of Safety Research，1991（22）：97-103.

⑤ PIDGEON N F. Safety culture and risk management in organizations [J]. Journal of Cross-Cultural Psychology，1991，22（1）：129-140.

对军工安全文化概念进行分析，可得出军工安全文化的基本内涵如下：

第一，军工安全文化属于军工文化的一部分。以"国家利益至上"作为核心价值观，军工安全文化强调军工企业安全生产的最高目标在于保障国家利益。

第二，军工安全文化属一种安全生产管理手段。在以人为本成为人类社会进步标志的前提下，军工安全文化强调军工企业安全生产的最低目标在于保障人民生命财产不受损失。

第三，军工安全文化的主要内容包括安全价值观与安全行为规范。安全价值观体现为深层次的观念，是军工企业员工对于安全问题的基本善恶判别——如以遵守规章制度为荣，以违章行为为耻的安全态度等；安全行为规范体现为外显的行为，是军工企业员工在长期生产实践中形成的良好行为习惯的积累——如进入危险场所，无论是否有人监督都应自觉佩戴安全防护用品等。

第四，军工安全文化传播载体是由"个人""班组""企业"构成的军工企业组织体系。安全价值观与安全行为规范首先是职工的个体观念或个体行为，很多个体的观念或行为一旦汇集成为班组或企业中全体成员的观念或自觉行为，会产生升华，聚结成组织的观念或行为，成为军工企业安全文化。

第五，军工安全文化的影响作用体现在由"员工""设备""环境""制度"构成的军工企业生产系统。首先，体现在对员工观念与行为的影响，是最基本的影响作用，是军工安全文化发生作用的基础；其次，体现在对设备的影响，如设备是否安装防护装置等；再次，体现在对环境的影响，如环境的噪声、灯光、粉尘是否达标等；最后，体现在对制度的影响，如制度是否考虑了安全生产因素等。

第六，军工安全文化具有很强的稳定性。军工安全文化形成于具有悠久历史的军工企业，这些企业在长期的安全生产实践中积累了很多的优秀传统，这些传统经过长时间的培养，成为员工的良好习惯，而这些良好习惯再经过长时间的思考与沉淀，才会成为优秀的观念与行为，即形成具有很强的稳定性的军工安全文化。

由此可以得出军工安全文化概念框架,如图 4-1 所示。

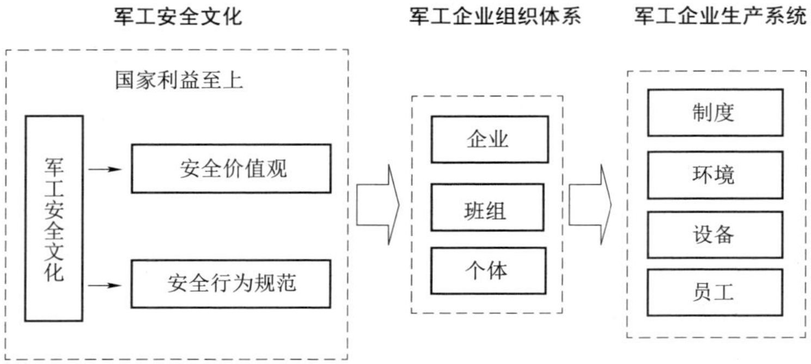

图 4-1 军工安全文化概念框架示意

由图 4-1 可知,军工安全文化建设,应当以军工企业的组织体系作为核心,通过安全教育、安全监督、安全制度等各种手段措施改善组织体系中的个体、班组、企业这 3 个不同层次主体的安全价值观与安全行为规范,最终目的是提高军工企业安全生产系统中的"员工""设备""环境""制度"的安全状态。

二、军工安全文化建设的理论与实践

我国在"十一五"期间已经推出安全文化建设纲要,对企业安全文化建设提出了具体要求。针对军工企业安全生产以及安全文化建设问题,军工集团公司进行了很多有益探索,提出了很多有特色的管理办法,如兵器工业三级危险点管理、中船重工双安全月活动、中航工业平衡计分卡管理、航天工业零伤害理念、核工业安全文化建设,等等,这些具体举措对保障国防科研生产安全做出了巨大贡献。但是也应看到,制度作为有形的管理手段,不可能涵盖安全生产的方方面面,更不可能规范员工的所有行为。在这种情况下,大力推行安全文化建设,充分运用文化这种"无形的手"去弥补制度这种"有形的手"的不足,就成为保障国防科技工业安全生产的必然选择。

1. 军工安全文化建设的实践

世界很多国家都在大力推行安全文化。欧盟在其共同体战略中直接提到了加强并巩固危险预防文化;英国标准委员会制定的职业安全与健康管理系统(OHSAS 18001:2007)、澳大利亚标准和新西兰标准(AS/NZS 4801:2001),都给出组织层次的强化学习要求和监察措施;日本5年计划的一个基本政策是促进安全文化,要求公司和个人重视安全并就促进职业安全与卫生措施建立自我保护机制;美国更是安全文化的坚定倡导者,道格拉斯·韦格曼等(2002)向美国联邦航空管理局提交的安全文化总结报告称,安全文化涉及每个人对安全承担的责任,保持、加强和交流对安全关注的行动。对军工安全文化已有实践的总结,将为实施军工安全文化的建设提供基础。

由于核工业安全问题的重要性,国际原子能机构(IAEA)一直是安全文化的坚定倡导者,核工业也是目前安全文化研究和应用最活跃的领域。IAEA 下属的核安全工作组(INSAG)于1986年提出"安全文化"这一概念,并于2001年发表了《在强化安全文化方面的关键性实践问题》(INSAG-15,2001),给出了关于安全文化的7个方面共23个关键问题,奠定了核安全文化的发展基础。

国际劳工组织(ILO,2003)在第91届国际劳工大会提出"国家预防性安全与卫生文化"这一做法,认为需要推行一种使享有安全与健康的工作环境受到尊重的文化,政府、雇主和工人可通过制度来界定权利、责任和义务,积极地参与和确保安全健康的工作环境,而且在这种环境下预防原则被赋予最高优先权。事实上,ILO 近年来也一直在提倡安全文化的普及实施。例如,2003 年 4 月的安全与卫生节日的主题就是"工作中的安全文化";2004 年以来,ILO 讨论制定关于《促进职业安全与卫生框架》的政策性文件,将促进安全文化作为重要内容之一。

近年来,我国国内对军工安全文化的研究和实践工作越来越重视,形成了很多实践成果。兵器工业企事业单位较早开始安全文化建设。1996年,在全国第六次"安全生产周"活动前夕,兵器工业总公司在西安召开了"兵器工业首届企业安全文化研讨会"。在此次研讨会上,张国顺(1996)[①]结合兵器工业生产的易燃易爆、有毒有害的特点,总结提出推行安全文化的重要现实意义,提出兵器工业安全文化建设的路径:首先,

---

① 张国顺. 在兵器月二业安全文化研讨会上的讲话[J]. 兵工安全技术,1996(3):11-12.

进行安全技术教育；其次，在企业中进行安全文化宣传；最后，选择试点企业建立安全文化模式；等等。

国家核安全局 2006 年 7 月发布核安全导则（HAD103/06）[①]提出，核动力厂安全管理制度应由营运单位所做的促进健全的安全文化并实现和维持良好安全业绩的那些安排组成，并明确提出核动力厂经理的职责包括建立和维持健全的安全文化。

国家安全生产监督管理总局 2006 年印发《"十一五"安全文化建设纲要》（安监总政法〔2006〕88 号，以下简称《纲要》），提出"要大力推进安全文化建设，增强全民的安全意识，实施全民安全素质工程"，给出安全文化建设的保障措施。在《纲要》的基础上，全国各地掀起安全文化建设高潮，例如，北京市 2006 年率先制定《北京市安全文化建设纲要（2007—2010 年）》；山东、江西、湖北、天津、重庆、江苏等地命名了一批安全文化建设示范企业；国家安全监管总局 2010 年下发《关于开展安全文化建设示范企业创建活动的指导意见》（安监总政法〔2010〕5 号），在全国开展安全文化建设示范企业创建活动；等等。据不完全统计，到目前为止，我国已有 2 000 家以上的企业在生产实践中开展了安全文化建设工作。

原国防科工委于 2007 年正式将安全文化列为军工文化的特色文化，明确提出安全文化是军工文化的保障性特色内容，认为安全文化的核心是全员树立"关爱生命、安全发展"的理念，通过安全文化建设形成以安全发展理念为指导的安全价值文化，强化激励约束机制的安全策略文化，落实企业责任主体和政府监管主体的安全责任文化，"严是爱、宽是害"的安全管理文化，"居安思危、警钟长鸣、防微杜渐、安如泰山"的安全警示文化，"高高兴兴上班来，平平安安回家去"的安全和谐文化以及不断提升安全本质水平的安全科技文化氛围。

虽然目前我国的军工文化建设已积累了相当多的实践经验与实践成果，但在军工安全文化建设研究方面还存在很多问题：一是国防科技工业科研生产过程相对封闭，难以跟踪、提炼、消化、吸收国内外安全文

[①] 国家核安全局. 核动力厂营运单位的组织和安全运行管理 [S]. 2006.

化建设先进经验,使军工安全文化始终保持活力;二是军工安全生产受制于多方主体,难以协调多方力量提高军工安全文化建设效率;三是军工科研生产单位一般具有特色安全文化,应该将特色安全文化升华,形成系统的军工安全文化。这些都是军工文化建设面临的困惑以及亟待解决的问题。

2. 军工安全文化建设的理论探索

(1) 安全文化建设的维度

绝大多数安全文化研究者都遵循全局视角,关注安全文化的多个维度,既包括管理要素,也包括个人价值观和态度等方面,但由于所关注的组织类型的差异,以及研究角度的不同,导致很多理论层次和实践层次对于安全文化建设维度的认识并不一致。

一是针对安全文化变革程序的安全建设维度。持功能主义观点的学者,将文化视为影响安全、可靠性等组织绩效的关键变量,认为安全文化可以被测量和评价,可以采取自上而下的方法,通过管理者加强特定行为的监管和削弱不希望的行为,达到"做事的正确方式"[1];持解释主义观点的学者,则认同深层次的文化内涵,认为安全文化是一种组织过程,认为可以采取自底而上的方法,通过组织成员的相互交往和协商过程创造和再创造[2]。事实上,依据认知心理学的观点,成年人的行为模式一般思想先导于行动,因此,首先要在意识中关注危险,进而引导着他们的选择应对策略,所以说解释主义观念是一种更深入的安全文化变革模式。更重要的是,思维模式是组织特性的基础,组织成员改变他们对于各种危险或安全相关现象的思维模式[3],才会最终完全转变他们的行为模式。

二是针对不同的行业类型的安全文化建设维度。核安全文化的研究

---

[1] REASON J. Managing the risk of organisational accidents [M]. Ashgate, Aldershot, 2007; A FURNHAM. The psychology of behaviour at work [J]. London: Psychology Press, 1997.

[2] RICHTER, KOCH C. Integration, differentiation and ambiguity in safety cultures [J]. Safety Science, 2004, 42: 703-722.

[3] VAUGHAN D. Signals and Interpretive work: the role of culture in practical action [A]. In: Karen A, Cerulo A. (Eds.), Culture in Mind: Toward a Sociology of Culture and Cognition [M]. New York: Routledge, 2002.

成果较成熟，并且向其他领域扩散：INSAG（2002）较早提出核安全文化建设 3 阶段模式——组织外部要求阶段、组织绩效目标阶段、组织逐步改进阶段；华月强（2005）[①]提出核安全文化建设与核安全生产经营活动、质量文化、管理激励等手段相结合；金磊（2003）[②]通过分析切尔诺贝利核事故原因，提出不良安全文化因素；卢伟强等（2009）[③]关注核安全文化体系建设。近年来，其他行业安全文化也开始兴起：王爱玲（2007）[④]结合航天产品研制生产过程的危险性和特殊性，从安全生产的观念文化、管理文化、行为文化和物态文化 4 个方面设计安全文化建设的层次结构模式；Antonsen（2009）通过航天飞机失事案例分析，提出文化与权力的关联性；朱三九（2009）提出汽车部队安全文化建设的实践途径；等等。

三是针对不同组织类型的安全文化建设维度。Navestad（2010）[⑤]认为，安全文化是一个从严格的官僚机构到松散的控制机构的连续统，官僚机构的安全文化更多依赖于高层管理部门的监督、安排好的工作任务、认真的培训、安全规则框架内的刚性工作描述、违背安全规则的惩罚措施、报告违章行为的奖励等措施；另一个连续统则是那些强调柔性的组织，这些组织强调协作、问题识别与解决问题的民主过程，在这种完全共同治理的体制中，相互信任更易达成。但更多组织处于两种极端之间，通过许诺激发职工工作场所的安全行为，但又不能完全排除官僚机构控制。

（2）影响安全文化建设的因素

国防科研生产系统具有复杂的社会–技术系统的典型特点：生产自动化程序高、工艺过程复杂危险、生产系统透明度差（Reason，1990）。这些特点给系统的安全控制和监管带来更多的困难。因此，军工安全文化建设应关注更广泛的因素。

[①] 华月强. 加强核企业的安全文化建设 [J]. 企业文明，2005（5）：42-45.
[②] 金磊. 从核安全到城市建设安全文化的联想 [J]. 安全与健康，2003（9）：15-17.
[③] 卢伟强，那福利. 浅谈核安全文化体系的建立与完善 [J]. 核安全，2009（2）：58-61.
[④] 王爱玲. 航天企业安全文化初探 [J]. 航天工业管理，2007（5）：33-34.
[⑤] Navestad O. Evaluating a safety culture campaign: some lessons from a Norwegian case [J]. Safety Science, 2010, 48: 651-659.

一是关注技术因素的安全文化建设。复杂系统操作情境往往面临竞争性目标和时间约束情况，由此展示出很大的不确定性，因此，需要安全文化补偿技术设计不足造成的系统缺陷[①]。例如：Reiling（2005）认为，需要在安全文化情境中使用各种规则和经验，避免已知风险和预防风险；Bell等（2006）提出技术弱点的影响；Fernández – Muniz（2007）给出创建使员工知晓工作场所风险及对风险产生持续警觉的氛围；埃文（2007）等则认为技术、人和组织因素等内部因素制约受制于外部因素，仅探讨内部因素是不完整的观点。

二是关注社会因素的安全文化建设。统计分析显示[②]，重大灾害分析中，社会原因通常是罪魁祸首。例如：挑战者号航天飞机失事分析显示，仅仅"O圈"的失效就造成航天飞机坠落，而"O圈"存在的问题是工程师博伊斯乔利已经发现并提出的，但宇航局并没有给予足够的重视，做出了"可以发射"的决定，最终导致了悲剧的发生。这就是典型的社会原因。当组织文化不能通过有效率的互动创造有效的问题解决方案时，惨剧可能就会发生。Suman Rao（2007）认为社会资本的侵蚀将引起安全文化的恶化并引发事故，提出引发偏差行为的最大激励源泉是"缺陷价值系统"和"强行实施的信任"；Edwards（2009）[③]提出，可以通过公共部门与企业的共同治理（shared governance）达到文化变革，增加职工的参与，实现变革安全文化的目的。

三是关注复杂性的安全文化建设。例如：G. Grote等（2000）分析了两方面的组织特性，一是可见但难以解释的组织本质特性，二是隐藏但被认为理所应当的组织非本质特性，构建了具有前摄性、社会技术整合、价值考虑3个维度的安全文化社会技术模型；Grote（2008）提出从制度安全、形式安全、技术安全3方面进行安全文化建设；Yang Miang Goh（2010）通过分析Bellevue危险垃圾火灾事故的直接原因、组织因素、监

---

① ROLLENHAGEN C. Can focus on safety culture become an excuse for not rethinking design of technology [J]. Safety Science，2010，48：268-278.

② Columbia Accident Investigation Board. Columbia Accident Investigation Board Report [R]. Retrieved November 11, 2007 from http：//www.caib.us/.

③ EDWARDS M，JABS L B. When safety culture backfires：Unintended consequences of half-shared governance in a high tech workplace [J]. The Social Science Journal，2009，46：707-723.

管者与政府的责任，研究提出不良的安全文化对整个安全系统的危害。

（3）安全文化建设的方法

安全文化建设方法来自安全文化的逐步改善或对变革的关注。例如，安全文化在何种程度上能够被管理、是否可以将安全文化视为子文化、文化对于安全绩效的影响、安全文化的测量等。

一是安全文化成熟度模型。Fleming（2001）开发了安全文化成熟度模型，认为安全文化成熟度与组织的特殊规则相关；Hudson（2001，2003）基于航空业的案例提出安全文化成熟度模型的五阶段理论；Parker 等（2006）在 Hudson（2001）模式的基础上设计了组织理解安全文化成熟度框架，包括安全绩效的基准和审计、工作正式计划等方面；等等。

二是程序化的安全文化建设。Hale（2000）认为当前的基础调查问卷和观察的态度研究工具仅仅涉及了文化的肤浅层次；于广涛等（2004）认为安全文化通过个体变量影响组织的安全绩效，应该采用三维方法测量安全文化；Havold（2009）提出探测因素分析（EFA）是开发安全氛围与安全文化最容易被接受的方法；Navestad（2010）通过分析挪威离岸平台陆上管理者、操作者和程序操作者，提出通过安全文化运动构建组织内部相互照顾的新型安全文化；等等。

三是安全管理与安全文化建设。一些学者[①]在切尔诺贝利核泄漏灾难后一致认可安全文化是组织安全至关重要的因素，管理文化成为达到组织安全的重要途径；Fernández–Muñiz（2007）研究提出管理者对促进职工安全行为的直接作用，间接地改进了态度和行为；Yang（2007）认为，从事故中学习是安全文化变革的基础；等等。

四是安全文化的持续变革。Reason 等（1997）[②]提出安全屏障的概念，认为安全屏障可以引导人们注意工作伙伴的行动，改善安全文化；Navestad（2010）[③]则基于安全屏障提出推进安全文化运动的观点；DeJoy

---

① KLETZ T. Still Going Wrong! —Case Histories of Process Plant Disasters and How They could have been Avoided [M]. Butterworth-Heinemann，Oxford，2003.

② REASON J. Managing the Risk of Organisational accidents [M]. Ashgate，Aldershot，2007.

③ NAVESTAD O. Evaluating a safety culture campaign: Some lessons from a Norwegian case [J]. Safety Science，2010，48：651-659.

(2005)认为,安全文化建设的主流趋势,是将安全文化缩减为可以测量、描述、变革的实体;Berg(1985)认为文化变革是一个建构与再建构的过程,通过这些建构过程,组织成员从头到尾地进行协商;Edwards(2009)[①]的研究则显示,安全协议、规则、语言等赋予职工在工作场所更多的安全责任,但也创造了职工间的疏远趋势,考虑到伤害的羞愧感、满足感、对官僚控制过程的惧怕等,因此,有时工作场所创建安全文化的努力会无意识地破坏制造过程安全的目标。

三、加强军工安全文化建设的主要举措

1. 当前军工安全文化建设的特点

第一,从研究范围看,针对特定军工行业安全文化的理论研究和实践经验都比较多,但立足于整个国防科技工业的研究相对较少。行业性的研究一般局限于特定生产领域,缺乏总体把握,研究成果对整个国防科技工业的安全生产借鉴作用不足。近年来,一些学者开始尝试针对国防科研领域安全文化的研究,但尚没有深入挖掘军工安全文化的内涵。因此,分析军工生产系统的安全生产的特点,开展针对整个国防科技工业的军工安全文化的研究,对提高军工生产的安全绩效具有重要意义。

第二,从研究对象看,目前无论理论研究成果还是实践经验总结,一般侧重单一管理主体,即研究"国家安监局(地方安监局)、军工集团公司"中的某一类或某几类管理主体。但对军工安全文化建设而言,由于安全生产遵循属地管理原则,军工生产则遵循行业管理原则,因此,军工安全文化建设存在事实上的多重管理主体并存的局面。因此,从多主体职责出发,进行军工安全文化建设的共同治理机制研究,对军工安全文化建设具有重要价值。

第三,从研究角度看,实践领域的研究成果一般偏重于顶层设计,即采取自上而下的方法开展军工安全文化建设,关注于组织领导、体系建设、宣传引导等方面;理论领域的学者则偏重于底层培育,即侧重自下而上的方法开展军工安全文化建设,关注点在于安全意识、安全行为、

[①] EDWARDS M, JABS L B. When safety culture backfires: Unintended consequences of half-shared governance in a high tech workplace [J]. The Social Science Journal, 2009, 46: 707-723.

组织氛围等方面。但事实上，军工安全文化建设，既应当遵循安全文化建设的普遍规律，也应当体现我国军工安全生产系统的特殊性，将自上而下与自下而上两种方式进行结合，实施一种综合的安全文化建设推进模式。

第四，从研究方法看，由于文化因素的主观性较强，因此，一般采用定性分析方法进行研究，定量工具一般集中于文化评价方面。军工安全生产系统作为一种复杂社会技术系统，单纯的定性分析存在大量主观因素，而单纯的定量建模则容易出现不易发觉的逻辑判断错误。所以，如果能够将定性分析与定量建模予以结合，进行政策实验研究，必将获得理论突破和实践提升，对提高军工安全文化建设政策的效果产生重要影响。

2. 加强安全文化建设的主要举措

基于以上的理论梳理与分析，应从以下方面开展军工安全文化建设：

第一，军工安全文化建设的系统分析。跟踪国外先进安全文化、军工行业安全生产等的前沿理论和成功经验，提炼军工安全文化建设的基础理论，构建军工安全文化建设研究的理论基点；梳理军工安全文化形成与发展的历史过程，归纳军工安全文化建设的阶段性特征；分析军工安全文化建设的现状与问题；提出军工文化建设的指导思想和总体目标。

第二，军工安全文化建设的治理机制。分析军工组织体系对军工生产系统的影响作用，提出军工安全文化建设的关键影响因素和敏感要素。分析军工安全文化建设主体的职责划分，分析军工安全文化建设主体间的协调关系，研究军工安全文化建设主体间的治理结构。分析外部治理主体与内部管理流程的协同关系，构建并检验军工安全文化建设的共同治理机制。

第三，军工安全文化建设的推进机制。进行军工安全文化建设的顶层设计，分析军工安全文化建设的组织领导、支持保障、理念提炼、考核指标与考核方法；进行军工安全文化建设的底层培育，关注工作现场安全意识与安全行为的引导机制、工作现场安全氛围的培育机制、不同层次管理者的安全意识培育机制、基层安全行为的激励考核办法。分析军工安全文化建设的多主体特点，结合顶层设计与底层培育，构建多主体引导下的军工安全文化持续变革机制。

第四，军工安全文化建设的效果评估。划分军工安全文化的成熟阶段并分析其特征，研究军工安全文化建设的成熟维度，构建军工安全文化成熟度评估模型，以此为基础，设计军工安全文化建设效果评价指标体系。以军工安全文化建设典型案例为基础，构建军工安全文化评估标准，并选择军工安全文化评估方法。

第三节　军工质量文化

任何军工产品、科研成果和装备型号等，都必须以质量为基本保证。"质量是政治、质量是生命、质量是效益"，已经成为军工企业的质量文化核心理念。零缺陷、零疑点、零故障，一次做好、次次做好、追求更好，更反映了军工人对质量的不懈追求和价值理念。可以说，军工质量文化建设是军工文化建设的基础而关键的内容。

一、军工质量文化的概念和内涵

1. 军工质量文化的概念

质量（Quality），也称"品质"或"质素"，指物品的特征、品性、本质，也可指商品或服务的水准。ISO 国际标准认为质量是一组固有特性符合需求的程度，定义为："质量是反映实体满足明确或隐含需要能力的特征和特征的总和。"美国著名质量管理专家约瑟夫·朱兰博士认为：质量就是"适合使用"（Fitness for use），而是否适合则交由客户来定义；狩野纪昭将质量视为一个二维的系统，分别为"当然的质量"（must-be quality）及"有魅力的质量"（attractive quality），即符合或超越客户期待的产品及服务。影响质量或品质的要素包括产品的可靠性、安全性，功能上是否完备，能否满足需求，等等。

质量文化是一个解释当代质量实践活动的基本概念，其内涵是指"以近现代以来的工业化进程为基础，以特定的民族文化为背景，一个群体或民族在质量实践活动中逐步形成的物质基础、技术知识、管理思想、行为模式、法律制度与道德规范等因素及其总和"。质量文化概念天然地体现着近现代以来工业文明的特征，它继承了当代质量实践活动的主流价值观念的绝大多数精髓，并突破了 20 世纪 80 年代以来在西方发达国家得到广泛关注与研究的企业文化的界限。可以认为，质量文化既是当代文化研究领域的前沿，也是国家或地区借助于文化力量振兴其经济竞争力的强大武器。

军工质量文化是指一个组织在国防科技工业环境的影响下，在长期的国防科技工业生产经营活动中，由领导层倡导、广大员工认同、逐步自觉形成的群体质量意识、质量精神、质量行为准则、质量价值观和质量形象等"软件"，以及组织所提供产品或服务的质量等"硬件"的总和。军工质量文化是一种组织文化，也是一种管理文化，是一个组织长期自然形成的有关质量的意识和观念，比如，质量的价值取向、质量的哲学思维、质量安全意识和创新意识等，它在组织生产经营和质量改进活动中，通过潜移默化的方式沟通员工的思想，使其对组织的质量目标、价值观念、质量行为规范产生认同感。

2. 军工质量文化与军工文化的关系

军工文化是军工企业文化、军工高校文化、军工科研院所文化和军工机关文化中的军工特色文化部分的总和，是军工行业的特色文化。作为一种行业文化，军工文化的研究正逐渐兴起，目前突出表现为两大特色，即对军工文化的实践总结和理论思考。

军工文化实践远早于理论研究。美国学者曾对其国防部门在后冷战时代的变革进行探讨，认为国防与商业合作将成为普遍现象，但两类部门在文化、实践和经验方面存在很多差异，因此，军事工业固有文化需要做出重塑。我国学者对军工文化的探索研究较多地起始于特色文化。艾银生（2000）、吴伟仁（2005）、贾越（2006）等人从军工质量文化开展研究；刘林宗（2006）从航天精神与军工文化基本理念关系角度展开研究；高天柱（2003）对军工科研院所的企业文化建设问题做过阐述。近年来，有关政府部门开始关注军工文化的研究，并从文化与行业融合角度对军工文化进行了支持性研究。司德鹏和孙忠慧（2007）从实践的层面论述了开展军工文化建设的意义、进展和发展途径；苏青云（2008）提出军工文化建设的三方面意义，包括落实科学发展观、构建社会主义和谐社会，继承和发展军工优良传统，构建和谐军工、促进军工又好又快发展等。

在军工文化建设实践的基础上，一些学者开始从实践角度反思军工文化的理论内涵。王楗夫（2005）研究了军工文化的基本特征与社会功能；曾绍仑和洪才祥（2006）从价值观雷同等四个方面揭示了军工文化认识的误区；刘成功和庞洪峰（2007）提出运用文化构建企业管理机制等；喻佑斌（2007）从文化概念、军工文化、企业文化与军工企业文化三个方面梳理了军工文化的内涵；刘永谋和赵平（2007）提出军工文化核心价值体系，论述了军工文化的先进性；李赫亚和赵平（2008）提出军工文化是军工企业文化的核心，认为各军工企业应根据企业实际情况和发展需求延展出特殊的企业文化；贺亚兰、刘存福和张波（2008）则从组织与领导、研究与应用、成果与效果三个方面构建了军工文化建设示范单位评估指标体系。

北京理工大学军工文化教育研究中心（2007）将军工文化理论进行了升华，提出，军工文化是全体国防科技工业战线成员在一定的社会历史条件下，在长期实践中逐步形成并普遍认同的行业文化，是军工行业特定的价值观念、制度规范、道德礼仪和行为方式等文化要素的总和。军工文化特色在于坚持"国家利益至上"的核心价值观，涵盖军工保密文化、军工质量文化、军工安全文化、军工型号文化和军工创新文化五方面内容。北京理工大学的这些研究成果使得军工文化理论趋于成熟。

在军工文化五方面中，质量文化处于基础而关键的位置。质量文化和质量管理如果出现问题，在实践中带来的后果是严重的，甚至是灾难性的。在军工各个系统，从历史到当前，从国内到国外，由于质量问题导致的恶性事件层出不穷，造成严重的后果和巨大的损失，其教训是深刻的。反之，如果军工质量文化达到一个较高的水平，则能有力地支持型号文化、保密文化、安全文化、创新文化的建设和发展，而其他文化的发展反过来对质量文化提出更高的要求，形成互相反馈、互相激励的动态机制，进而快速有效地提高军工文化整体水平。这样使得军工文化各方面形成一个有机的整体，更好地促进实践中的各项工作。

二、军工质量文化的结构

军工质量文化是军工行业企业适应市场经济文化和企业文化发展的产物,是体现在企业文化各个层次、各个方面的现代文化,由精神内涵(深层文化)、行为落实(中介层文化)和物化体现(表层文化)三部分有机构成,其核心是军工质量理念和价值观。质量文化是质量形成的灵魂,它持续作用于组织的质量活动的全过程,对组织的建设和发展起着至关重要的作用,它对组织的实践活动及人员都有着导向、约束、凝聚、激励等作用。

具体来说,军工质量文化通过精神层、制度层、物质层这三个层面来体现。

1. 精神层

在军工质量文化系统中,精神层为其核心层,具体内容体现为三个方面:质量指导原则与方针、质量理念和质量目标。

质量指导原则与方针是由企业的最高管理层正式发布的该组织的质量宗旨和方向。质量理念是企业为落实和细化质量指导原则与方针而在价值观、道德观、行为方面所形成的基本观念,其主要内涵包括质量价值观、质量道德观、质量行为准则。质量目标是组织在质量方面所追求的目的。例如,航天科工集团的质量指导原则是"严肃认真,周到细致,稳妥可靠,万无一失";质量方针是"一次成功,预防为主;精细管理,持续改进;顾客满意,追求卓越";质量价值观是"以质量创造价值,以质量体现价值";质量道德观是"诚实守信,尽职尽责";质量行为准则是"严,慎,细,实";质量理念是"质量是政治,质量是生命,质量是效益"。其中质量指导原则与方针是核心,质量目标是方向。

2. 制度层

要保证军工企业质量方针和质量目标的落实与实施,必须建立适宜的质量管理制度与规范。质量管理制度应充分考虑军工企业自身、社会和顾客各方的利益,规定质量管理要建立的程序、规范与标准,组织对产品质量必须采用系统的方法进行管理,明确组织质量管理体系的过程及其运行程序和方法,以及该体系与组织内其他体系的关系,使各层次人员清晰地理解和实施，保证质量方针与质量目标得以实现。

由于军工企业组织的类型、规模、产品和过程的差异，人员素质和培训程度以及管理传统的不同，各企业组织应根据具体情况确定其具体的制度与规范。各组织应该明确要求建立程序规范，包括文件控制程序、记录控制程序、内部审核程序、不合格品的控制程序、纠正措施程序、预防措施程序。另外，还应该包括隐含的文件与程序，如规定职责和权限、确定人员所必要的能力、建立适当的沟通过程等规范。只要一个组织建立了适宜的程序、规范及标准，保证各过程有效地策划、运行、控制和改进，就能使质量管理体系得以有序、高效地运行，并为质量方针和质量目标的实现提供坚实的制度基础。

3. 物质层

质量文化的物质层是形成精神层和制度层的条件。物质层既包括实实在在的物质因素，如环境、产品特色、纪念物、标志性建筑等，同时，也包括精神层、制度层外化出来的文字、标识等。

军工质量文化的物质层在质量文化体系中应该体现为大量的记录。适宜的记录既可以表明军工产品和质量管理体系是否符合质量方针与质量目标的要求，以及管理规范与程序是否得到遵循与执行，也可为纠正偏差、持续改进指明方向与领域。

以质量管理指导原则与方针为基础形成的质量管理体系，要求"想到的要写到，写到的要做到，做到的要记录到"，确保组织有能力稳定地提供能满足客户需要并且符合法律法规要求的产品。

军工质量文化的上述三个层次是紧密联系的，其中物质层是质量文化的外在表现和载体，是制度层和精神层的物质基础；制度层则约束和规范着物质层及精神层的建设，因为没有严格的程序与准则，质量文化建设就无从谈起；精神层是形成物质层和制度层的思想基础。其中，质量方针与质量目标是军工质量文化的核心。

三、加强军工质量文化建设的主要举措

现阶段，加速军工行业企业发展的首要问题是解决质量及可靠性问题，解决质量问题的重要途径是发展质量文化。

促进军工企业质量文化建设，既要保护，又要研究，同时要不失时机地全面发展。保护是指军工质量文化是围绕军工产品生产和国防建设而发展起来的特殊企业文化，要保护其中具有生命力的东西。研究就是要专门探索或研讨质量文化，准确地提炼质量指导原则、质量方针及质量理念。军工企业开展质量文化建设，必须要有体现本企业特色的质量指导原则与方针以及质量理念作为全体职工的思想引导。质量指导原则与方针以及质量理念的提炼，需要全体干部职工的共同参与，通过对质量知识的学习，对未来发展方向的洞察和对市场经济发展的前瞻，进行言简意赅的提炼。

抓住机遇，促进军工质量文化的全面发展，重点应该把握以下四个方面：

1. 强化质量文化意识，抓好质量文化教育

质量指导原则与方针以及质量理念形成后，需要通过宣传、教育等方式，让全体员工能够充分认同，并自觉付诸日常行动之中。质量文化教育至少包括两个方面的内容：一是质量知识教育。随着科学技术的发展以及全社会对质量越来越重视，质量专业知识也在不断发展。质量文化的接受者、传播者、创造者是广大职工，进行质量文化建设，抓员工素质教育是关键。二是质量形势任务教育。进一步增强职工的责任感、使命感、危机感和紧迫感，提高保证产品质量的主动性和自觉性，以高质量的工作保证高质量的产品；组织宣传、学习和推广质量文化理念，使质量文化建设的成果能够固化在制度里，落实在行动中，体现在产品和工作质量上。

2. 贯彻 ISO 系列标准

全球经济一体化使国内企业与国际大公司面临同样的市场环境，这就要求我们各方面工作必须与国际惯例接轨，借鉴国外优秀的技术和管理经验，质量工作也不例外。ISO9000 系列质量管理标准使技术体系与质量保证体系结合得越来越紧密，因此，建设军工质量文化必须要贯彻 ISO9000 系列标准，这不仅是质量文化建设组织制度层的重要内容，是深化和发展全员质量管理的需要，也是走向国际市场的需要。

3. 树立质量工作典范

不同地方或不同企业集团、各个企业或各个子公司的具体情况不一样，在开展质量文化建设过程中也肯定是异彩纷呈、多头并进的。因此，军工质量文化建设过程中要及时总结质量工作先进单位的典型经验，加以弘扬和推广，以激励先进，鞭策后进，共同把质量文化建设好。

4. 形成有特色的质量文化

任何一个企业都有自己的特色，质量文化也需要有自己的特色。在质量文化建设过程中要对质量文化现象进行研究，并有意识地对特色质量文化进行加强和提炼，以期不断提高升级。

质量文化建设是一个循序渐进的过程。特别是当前企业在加速变革，不断吐故纳新，新的科学技术、管理模式的运用，既为质量文化建设提供了难得的机遇，也为质量文化的继承和发扬以及新质量理念的定位提出了挑战。这些都需要在质量文化建设中积极地应对。

第四节　军工型号文化

型号工程是军工行业发展的重要载体，以此为基础的型号文化是军工文化特色的重要内容。正是由于重点型号的发展，比如前几年的"歼十""枭龙""神舟"，近期的"歼20""运20""直20"，才能促使军工行业不断发展壮大。在科学技术日新月异的今天，重点型号是国防科技工业水平的重要标志，是国家和民族强盛的重要象征。围绕重点型号进行军工文化建设，形成富有特色的型号文化，可以带动科技创新，提升管理水平，推动人才队伍建设。可以说，型号文化建设是军工文化建设的标志性特色内容。

一、型号文化的概念和内涵

型号工程参与人员多、运行时间长。型号攻坚是军工人实践"国家利益至上"理念的主战场，是军工文化核心内涵体现的重要载体。型号文化是军工文化的特色内容，如何在型号攻坚的过程当中，自觉地培育、发展、总结型号攻坚所体现出的文化特点，并且能够激励和推进型号攻坚的高效进行并取得成功，是开展型号文化引领工作的重要内容。

综合以上分析，可以给出军工型号文化概念：军工型号文化是军工文化的有机组成部分，是军工人在长期的型号攻坚实践中形成的价值取向和行为规范的集中反映。军工型号文化以保障国家利益和完成型号工程为目标，通过军工企业组织体系对军工企业生产系统施加影响，具有很强的感染力。

一般而言，文化具有3个层面的含义：一是物质层，即文化的表层部分，指由社会成员创造的产品和各种物质设施等构成的器物文化；二是制度行为层，即被所有成员自觉认同的行为规则，是文化的中间层；三是精神层，即社会长期发展历史积淀的价值理念，是文化的核心层，是形成制度行为层和物质层的基础。军工型号文化作为一种特殊文化形态，其结构也不外乎上述三个层面，但其内涵更加深刻。

第一，军工型号文化是军工文化的标志性特色内容，其核心价值观是"国家利益至上"，强调军工型号攻坚的最高目标在于保障国家利益。型号攻坚核心价值观是深层次的观念，是军工人对于型号问题的基本认识，如中国航空工业成都飞机工业集团有限公司（简称"成飞"）在型号攻坚中坚持"型号工程是成飞最大的政治"不动摇，以民族利益为最高利益，以祖国需要为最高需要，以建设强大的国防为神圣职责，坚定着"打造一代名机，形成一代装备"的信念。

第二，军工型号文化的中间层体现为成员的行为，是军工人在长期型号攻坚实践中形成的良好行为习惯的积累。"严、慎、细、实"是型号攻坚人员自觉认同的行为规则，如四川航天在型号研制中十分关注微小细节：一次，四川航天某厂第一事业部运载火箭总装生产部门的调度员在整理现场时发现工作椅上的一颗螺钉不见了。他立即向现场技术总指挥报告，总指挥当即决定：全体人员推迟下班，立即封锁现场，寻找螺钉。

第三，军工型号文化的表层体现为型号攻坚的工作场所、设备以及型号产品实物等，强调军工型号攻坚的最低目标在于高质量完成型号工程。它们本身就有一种神圣的力量，激励着军工人文化上的认同。

第四，军工型号文化载体是由"个人""项目组""企事业单位"构成的军工组织体系。型号攻坚价值观与行为规范首先是员工的个体观念或个体行为，很多个体的观念或行为在型号攻坚的特定背景下汇集成为项目组或企事业中全体成员的观念或自觉行为，升华、聚结成组织的观念或行为，成为军工型号文化。

第五，军工型号文化的影响作用体现在由"员工""物质环境""制度"构成的军工研制系统。首先，体现在对员工观念与行为的影响，是最基本的影响作用，是军工型号文化发生作用的基础；其次，体现在对物质环境的影响，如安全、保密、整洁等；最后体现在对制度的影响，如制度是否体现了"国家利益至上""以人为本"；等等。

二、型号文化的载体和功能

1. 型号文化产生的载体——型号工程

军工型号工程一个复杂的系统工程，是武器装备型号研制项目从其研制到生产的过程。随着改革开放的发展，我国军工系统的体制也逐步实现由政府部门向企业转变，在管理上实现了由计划科研生产型向科研生产经营型的转变。从现行的组织结构看，军工型号管理是集团公司、院、厂（所）三级管理，具有责任分解的优点。具体到每一个型号项目，型号总指挥是最高责任人，对型号的研制负全责；各分系统设有分系统指挥，他们对分系统的研制负全责。型号总设计师是型号研制的技术负责人，在型号研制中具有绝对的技术权威，各分系统设有主任设计师和若干副主任设计师，总体和重要系统还设有若干副总设计师，对型号的研制层层落实技术负责人。项目办实际上是一个虚拟的刚性组织，相当于一个调度中心，其中设在相关部门的质量管理人员、元器件采购管理人员、研制经费成本管理人员、研制计划管理调度人员，对型号的研制计划、进度以及生产、试验、技术状态进行管理。科研单位武器装备型号研制是根据国家的需要批准进行的，项目的研制周期在立项批准后具有不可动摇的严肃性，研制产品的技术指标在总研制任务书中有明确的规定。参与型号研制的人员大多是技术知识型员工，他们在创造产品的同时也在创造着文化；同时，文化管理对于知识型员工也是最有效的管理手段。

2. 型号文化的功能

对于一般企业，也有型号项目攻关，但它们抓型号归根结底是为了企业能够获得更大的经济效益。而军工组织的核心职能是政治、军事职能，而不是单纯的经营职能，型号攻坚被提高到政治、军事和国家利益的高度来理解，并表现出如下功能：

凝聚功能。型号文化是凝聚型号攻坚参与人员的强大精神力量，具有黏合剂和强磁场作用，把型号工程成员紧紧地联系在一起，同心协力为实现共同目标而努力拼搏。型号文化的凝聚功能，首先表现在型号组织全体成员思想上增强了凝聚精神，然后在行动上表现为强大的合力，推动型号攻坚的完成。型号组织的共同价值观、共同目标把所有成员凝聚成一个整体，使员工与工程有"同生死、共命运"的使命感。型号文化的凝聚功能，使型号项目员工在逆境中，能够经受失败与挫折，团结一致地迎接挑战；在顺境中，能够再接再厉，精益求精。

协调功能。型号工程一般是一家为主、多家协同配合的系统工程。军工企事业单位的文化各具特色，因此，不同单位员工的行为规范也不尽相同。型号文化具有强大的协调、统一功能，可以促使来自不同单位的型号参与人员树立大局观念，为了一个共同的目标修正、调整自己的行为，以相同的思维和行为履行各自的职责，确保型号项目顺利完成。

推进功能。型号文化把型号组织成员看作"文化人"，强调精神和文化的作用，特别注重满足他们在"国家利益至上"引导下的自尊、自信和自我实现的需要，激励他们奋发向上。型号文化的推进作用还表现在给国防科技工业的发展提供了重要的思想保证和智力支撑。从某种意义上说，军工行业的发展，关键取决于型号的发展，取决于军工组织成员的思想觉悟和智力水平。型号文化能够激发建设国防科技工业的劳动热情、创造激情和奉献精神。

辐射功能。型号文化不断地在向内部、外部发散、辐射和展示军工人的精神，从而提高军工组织的整体竞争意识和在社会上的形象。首先，型号攻坚价值观等文化要素要向军工内部组织成员扩散，激励、引导全体军工人践行"国家利益至上"的精神，推动军工行业又好又快地发展。其次，通过各种传播媒介向社会辐射，引导其他行业向军工行业学习，从而使先进军工优秀文化能更快地向社会辐射。军工产品本身包含着型号文化因素，人们通过接触产品从而对军工行业形成一定的印象和评价，使军工组织的声誉及社会形象大大提高。型号攻坚参与人是型号文化的主体，型号工程成员与他人交流产品和服务时，也在传播型号文化。

三、型号文化同其他军工特色文化的关系

在"国家利益至上"的核心价值观统领之下，军工文化包含丰富的内涵，涵盖了不同的层面。粗略地看，军工文化的特色至少包括了五个方面的内容：军工质量文化、军工安全文化、军工保密文化、军工型号文化和军工创新文化。从实际中看，型号研制和生产是军工企事业单位工作的重中之重，需要高度的政治责任感、超乎寻常的激情和毅力。在型号攻坚过程中，对质量、安全、保密、创新等工作有着极高的要求，因此，型号是其他军工特色文化如质量、安全、保密、创新文化实现和发展的载体，围绕型号进行军工文化建设，形成富有特色的型号文化，可以同时带动质量、安全、保密、创新文化的建设，提升管理水平。可以说，型号文化建设是军工文化建设的标志性特色内容。

四、加强军工型号文化建设的主要举措

型号文化要成为一个生命体生生不息，需要在型号攻坚过程中做好如下工作。

第一，要形成型号特有的观念体系。在进行型号攻坚中一定要考虑一些理念内涵的总结和提炼，形成一些具有文化特色的观念体系。中国电科第十四所承担了大量国防重点工程型号任务，其中部分产品在我国武器装备史上具有里程碑意义，在国际上处于技术领先地位。在研制重点型号产品的过程中，面对研制难度极大、超强度、超饱和的工作量，十四所科研人员一不怕苦，二不怕累，知难而上，激发出一股"扬我国威，振我军威"的民族豪情。为了传播、弘扬这一文化，十四所总结、归纳并诠释了以"自力更生、创新图强、协同作战、顽强拼搏"的预警

机精神为核心内容的预警机文化；归纳、提炼并诠释了以"使命高于一切，团队坚不可摧，创新永无止境，荣誉催人奋进"的海之星精神为核心内容的海之星文化。

第二，要有反映型号文化的案例。文化要传承，这就需要文化案例，否则文化没有载体就会在传播过程中变形或者效果衰减。案例是型号文化建立的文本基础，要注意不断地修改完善，不断地向社会用户传播，不断地用于教育自己的员工。晨光集团连续多年整理编辑了《型号管理论文集》，总结在企业科研生产中好的经验做法。特别是强调以型号研制为载体，以协作文化为纽带，以强化合作、实现共赢为出发点，大力提倡"有问题共同商量，有风险共同承担，有余量共同掌握，有困难共同克服"的协作观，努力追求"联合图强，共同发展，科技强军，工业报国"的共同使命，形成了以"小核心、大协作"为理念的型号文化。

第三，要有反映型号文化的人物。人是文化建设中最活跃的要素，人的塑造也是型号文化传承重要的组成内容。因此，要注重人在型号攻坚当中的创造者地位，表现出型号文化的人性魅力。沈阳黎明公司为已故的劳模塑像，并于每年的"五一"在塑像前举行新评劳模献花仪式，用劳模的品质来教育和感化员工，每当新员工进厂也都要到这里缅怀前辈，接受光荣传统教育，劳模的精神由此一代代传承下去。中电科技第十四所树立了张直中院士、张光义院士等一批典型人物，用他们的责任感、使命感潜移默化地影响着十四所的文化和十四所的一代又一代科研人员。

第四，要做好型号文化建设和其他工作的协调促进。在型号攻坚的进程中总结文化、提炼文化，是一个具有挑战性的实践，不仅是一个总结的问题，更是一个用新观念、新思路推进实践的问题。型号研制是军工企事业单位综合管理水平提升的特色表现，是单位制度机制创新的核心载体。因此，型号文化的建设在军工组织文化建设中占有引领地位；同时，还要抓好硬件工作，软硬结合才能更加彰显型号文化的作用，提高文化传承的自觉性。

第五节 军工创新文化

军工创新文化是军工文化的一个标志性内容。军工创新文化根植于军工文化发展的历史,在军工生产和实践中推动军工文化的建设,不断充实和丰富着军工文化,是军工文化持续发展、永葆文化生机、彰显强大文化功能的主要载体。军工创新文化在军工文化特色内容中,既自成体系,与军工质量文化、军工型号文化、军工安全文化、军工保密文化是平行关系,又与这四大军工文化特色内容交叉重叠、互相策进,有机地统一于军工文化的文化形态中,共同促进军工文化建设水平的整体提升。

一、军工创新文化的概念和内涵

创新是军工文化发展的题中应有之义。军工文化建设的关键就在于军工文化的创新,这不仅是军工文化建设实践的必然要求,也是军工文化不断发展的内在动力。只有始终坚持创新,军工文化才能历久弥新,永远焕发生机与活力。

军工创新文化是在我国人民军工事业和国防科技工业发展的历史进程中积淀而成的,是军工文化的重要组成部分;军工创新文化以"国家利益至上"为最高价值追求,是军工人在长期的军工生产实践中所形成的价值取向、行为规范和精神风貌的集中反映。军工创新文化追求卓越、攻坚克难的文化品格具有强烈的社会辐射效应,是提升我国文化软实力的不竭动力。

军工创新文化的内涵极其丰富,具体而言包含以下内容:

其一,国家与民族层面。军工创新文化强调在"国家利益至上"核心价值观的指引下形成全行业不断超越、勇攀高峰的文化创新常态。创新永无止境,作为捍卫国防的军工行业,不满足于已经取得辉煌成就、不断追求新的更大的进步是军工各行业发展的应有之义。军工创新文化呈现为军工全行业共同的文化追求,是凝聚力量、汇聚人心的行业发展动力。

其二，军工个人层面。军工创新文化是强化军工人事业信念的精神助力。强调个人在实现人生价值和个人理想的奋斗中，秉持敢于创新、乐于创新、擅于创新的事业情怀。在具体的工作中，则体现为一种宏远人生规划和在具体细节上注重精益求精的有机结合，是军工行业个人发展中的一种内在的行为规范。

其三，社会层面。军工创新文化作为社会主义先进文化的重要组成部分，以其自身强烈的感染力和辐射力催动全体社会成员的进取精神，在全社会形成浓郁的创新氛围，为提升我国的综合国力发挥其应有的正能量作用。

军工创新文化三个层面的内涵互相交织、共生共存，折射出军工创新文化的文化气质。

二、军工创新文化的形成和发展

自 1931 年官田兵工厂建立起，我国的国防科技工业、人民军工事业和国防科技工业经历了从无到有、由小到大、由弱及强的发展历程。在战火的洗礼中，在中华人民共和国成立初期的艰难环境中，在改革开放后新的时代条件下，在一个个重大工程、项目的突破后取得了辉煌的成就，形成了各个历史时期的军工精神。与此同时，军工创新文化也应运而生。可以说，人民军工事业和国防科技工业的发展所取得的每一项重大成就都蕴含着军工创新的文化品格。在各个历史时期所形成的军工精神也无不体现着军工创新文化的精神内涵。

中华人民共和国成立前，在战争年代的烽烟中人民军工事业起步并逐步获得发展。1938 年，毛泽东同志在党的六届六中全会的报告中提出每个游击根据地都必须尽量设法建立小的兵工厂，办到自制弹药、步枪、手榴弹的程度，使游击战争无军火缺乏之虞。此后，在提高军事技术、建立必要的兵工厂、准备反攻实力的指示下，一批兵工厂在晋冀鲁豫、晋察冀、晋绥边区等各抗日根据地迅速创建起来。黄崖洞兵工厂创建时间早、生产能力强，是抗战时期具有代表性的兵工厂，在极端艰苦的环境下，黄崖洞兵工厂不仅为抗日根据地的抗战做出了卓越贡献，而且孕育了黄崖洞精神：以国家安危为己任的爱国主义精神，以理想信念为核心的无私奉献精神,以民族图强为特质的艰苦奋斗精神,以集成攻关为实践的科技创新精神。而黄崖洞精神中的"以集体攻关为实践的科技创新精神",正是早期军工创新文化的体现。也正是有了军工创新文化品质的感召,黄崖洞人才能在物质匮乏的战争岁月中,将科技创新融进兵工厂的建设中,灌注在武器研制的具体实践中,也才能有为八路军生产战场上急需的步枪、手榴弹、迫击炮、炮弹等武器的辉煌业绩,谱写出人民军工事业发展中的一曲动人乐章。

中华人民共和国成立后,我国国防科技工业的发展进入了历史新时期。在国内国际形势十分严峻的情况下,国防科技工业战线的广大成员奋发有为、积极开拓,初步构建起我国国防科技工业体系较为完整的布局,为今后的发展奠定了坚实的基础。中华人民共和国成立初期这些成就的取得是极其宝贵的,而更为可贵的是,在中华人民共和国成立初期自力更生的生产和实践中,形成了具有浓郁历史色彩的艰苦奋斗的创业精神。这种创业精神本身承载的也是军工创新文化的优秀文化品质,而在"一穷二白"的条件下创业本身就是一种创新。可以说,这一时期的国防科技工业的创业,反映出军工创新文化丰富的文化内涵,也赋予了军工创新文化沧桑而又富于活力的文化因子,成为军工创新文化历史发展中光辉的一笔。

20世纪六七十年代,我国国防科技工业战线工作者创造了"两弹一星"的奇迹。1964年我国第一颗原子弹爆炸成功使中国走进了核时代;1967年中国第一颗氢弹试验成功使我国成为世界上第4个掌握氢弹制造技术的国家;1970年,长征一号运载火箭成功地将东方红一号人造地球卫星送往太空,又使我国由此走进了世界航天大国行列。与此同时,"两弹一星"精神积淀而成。"热爱祖国、无私奉献,自力更生、艰苦奋斗,大力协同、勇于登攀"也再一次将军工创新文化的品质内化其中。没有军工创新文化的内在文化动力的催动,就不可能有"两弹一星"的伟大成就。换言之,"两弹一星"精神是军工文化创新精神的具体写照和生动诠释。

中华人民共和国成立以后,在坚持走中国特色的自主创新道路的基础上,我国航天事业在研制探空火箭、发射各种卫星、进行载人航天、探月工程等方面都取得了显著成就。2003年，我国发射并回收了神舟五号载人飞船；2005年，我国自主研制的神舟六号载人飞船顺利返回；2008年，我国成功实施了神舟七号载人航天飞行。在载人航天工程取得历史性突破的伟大进程中，国防科技工业战线形成了"特别能吃苦、特别能战斗、特别能攻关、特别能奉献"的载人航天精神。载人航天精神体现出的勇于登攀、敢于超越的进取意识是军工创新文化的再一次深刻的体现，它也以继往开来的新姿态提升了军工创新文化的境界，实现了军工创新文化在品格塑造层面的时代飞跃。

进入21世纪以来，在新军事变革的时代背景下，自主创新成为国防科技工业发展的重要战略。重视自主研发，推进国防科研项目的建设，是国防科技工业战线发展和不断取得重大成就的有力支撑。我国在大飞机研制等一系列重要领域取得了重大突破。同时，军工创新文化也被赋予了新的时代元素，即站在时代的潮头，永远追求卓越，以饱满的激情和理性的探索实现富于时代特色的跨越。为国防科技工业的发展注入新的生机和活力，是军工创新文化在新时代背景下的重要诉求。

军工创新文化作为军工文化的特色内容，在人民军工和国防科技工业发展的各个阶段发挥了重要的文化力作用。其所蕴含的强大的原动力已内化于军工人和国防科技工作者的具体工作中，形成了全行业的一种文化助力，从而使我国的人民军工事业和国防科技工业取得了一个又一个令人瞩目的成就。同时，这些成就取得的过程又反过来丰富了军工创新文化的内容，提升了军工创新文化的理论层次，在实践中推动了军工创新文化的建设水平。可以说，军工创新文化是人民军工事业和国防科技工业发展的历史必然。

三、军工创新文化与其他军工特色内容的关系

军工文化作为一种特殊的文化形态，具有非常鲜明的军工特色。军工特色文化体现为五大内容：军工质量文化、军工安全文化、军工型号文化、军工保密文化、军工创新文化。军工创新文化与其他特色内容是平行关系，五者又相辅相成，有机地统一在军工文化中，共同彰显出军工文化不同于其他文化形态的鲜明特色与独特的文化魅力。

同时，在五大特色内容中，军工创新文化也以自身的特殊性影响着其他四个军工特色文化内容，与其他特色内容是交叉与重合的关系。这主要体现在军工创新文化的内涵广泛深远，包含着军工物质文化、军工制度文化以及军工精神文化等方面的创新。而军工质量文化、军工型号文化从大类而言主要属于物质文化层面的内容，而军工安全文化与军工保密文化则更加侧重于管理层面，大体上属于制度文化的范畴。因此，军工质量文化、军工安全文化、军工保密文化、军工型号文化要提高建设水平，除了凸显和发挥自身的文化优势外，也需要军工创新文化元素的推动。因此，军工创新文化也是军工质量文化、军工安全文化、军工型号文化、军工保密文化提高建设水平的一个重要前提。而军工质量文化、军工安全文化、军工型号文化、军工保密文化建设水平的提高，不仅为自身的文化内涵融入了新鲜的活力，同时也为军工创新文化提供了必须具备的现实基础与实践土壤，从而为军工创新文化吸纳四个特色文化内容的优点创造了良好的条件。可以说，军工创新文化与其他四个军工特色文化之间的关系也是交叉互补、共同策进的关系。

军工创新文化是军工文化一个重要的组成部分，也是军工文化标志性特色内容之一。军工创新文化是我国人民军工事业和国防科技工业发展的历史必然，是我国人民军工事业和国防科技工业取得辉煌成就的有力保障。军工创新文化将创新的文化因子灌注于军工文化发展的血脉，培育了军工人和国防科技工业工作者勇于创新、敢于攀登的精神气质。军工创新文化在生产和实践中推动着军工文化的建设水平，不断充实和丰富着军工文化的内容，是军工文化得以永恒持续发展，永葆文化活力与激情，发挥强大文化功能的重要助力。作为军工文化的五大特色内容之一，一方面，军工创新文化自成体系，呈现出与军工质量文化、军工型号文化、军工安全文化、军工保密文化之间的一种独立和平行的关系；但另一方面，军工创新文化又与其他四大军工特色文化内容体现为一种你中有我、我中有你的样态，表现为一种交叉重合、互相策进的关系，与其他四大军工文化特色内容有机地统一于军工文化之中，其共同作用的合力则促进了军工文化建设水平的整体提升。

四、加强军工创新文化建设的主要举措

新时代背景下,创新对于国家和民族的发展意义重大。党的十九大报告已经明确了创新驱动发展的重要性,强调要建设创新型国家。站在时代的潮头,面对当今世界激烈的竞争和挑战,军工创新对于维护国家战略安全以及中华民族的伟大复兴而言,其地位的重要性不言而喻。加强军工创新文化建设,要从以下几个方面着力:

首先,强化创新发展理念,营造创新发展的浓郁氛围。

在全行业持续大力开展创新教育,将十九大报告中所指出的关于创新发展的理念化于全员内心。创新是引领发展的第一动力,是建设现代化经济体系的战略支撑。军工行业的人员要充分认识到创新与发展、创新与民族未来的紧密关系,真正认识到核心技术是买不来的,只能靠创新驱动。创新也是人民军工宝贵的历史传统,没有创新就没有今天强大的国防科技工业。在全行业倡导和推进求真务实、勇于创新的精神,号召创新从我做起,让大家真正把认识和行动落实到自己日常的工作中,增强创新的时代使命意识,在全行业营造军工创新文化建设的浓郁氛围。

其次,加强制度建设,健全创新驱动的持续保障。

在制度层面,全行业要加强制度建设,提升创新管理水平。要大力宣传创新,多渠道、多路径地树立好创新文化的舆论导向。培育全员的创新意识,使创新成为每个军工人的自觉行为,成为自己工作岗位中不懈的价值追求,从而在全行业形成创新合力;健全创新机制,在资金、平台等方面为创新提供强有力的制度支持;鼓励创新,倡导科学研发精神,培养创新人才,激发个人与团队的创新潜质与潜力;健全考核评价体系与奖励政策,对于具有世界尖端水平的创新前沿成果的个人与团队予以奖励;形成全行业尊重创新的良好风尚,将创新驱动更深入地融入军工"国家利益至上"的核心价值观中,从而大力提升军工行业的创新水平,建设好军工创新文化。

最后,处理好与其他特色文化之间的关系,形成创新的联动效应。

前已述及,军工创新文化在军工文化特色内容中,既自成体系,与军工质量文化、军工型号文化、军工安全文化、军工保密文化是平行关

系，又与这四大军工文化特色内容交叉重叠、互相策进，有机地统一于军工文化的文化形态中，共同促进军工文化建设水平的整体提升。因此，注重军工创新文化建设，一定要处理好与其他特色文化之间的关系。在推进创新文化建设的过程中，要注意协调好军工创新文化与军工质量文化、军工创新文化与军工型号文化、军工创新文化与军工安全文化、军工创新文化与军工保密文化之间的内在关系，形成以创新引领、带动其他特色文化建设，打造个特色文化相互之间互促互动的共赢格局，从而提升军工文化建设的整体水平。

第五章

军工文化建设

第一节 军工文化建设面临的形势

军工文化是军工行业的特色文化。随着时代的发展,军工文化的内涵不断丰富,充分体现出爱国强军、以人为本、无私奉献、自主创新、质量第一和大力协同的军工时代精神,折射出对党忠诚的坚定政治意识,成为推动我国国防科技工业发展的重要力量。

一、军工文化建设概况

在原国防科工委和现在的国防科工局的大力支持下,军工文化理论研究受到重视。全行业范围内掀起了军工文化研究的热潮,各行业、集团掀起了军工文化建设的热潮,纷纷结合自己的行业历史与特色,将军工文化建设融合在自身的企业文化建设的过程中,从而形成了独具行业特色的军工行业文化。各行业、集团在军工文化建设的过程中,既注重形式多样、灵活生动,也注重调动广大年轻人自觉加入军工文化建设的队伍中来,培养了军工文化建设的后备力量;在载体建设上,也比较注重借助书刊、报纸以及网络数字化形式来增强军工文化建设的宣传力度。有的单位已经形成了军工文化建设的长效机制，定期编制本单位的文化建设规划，形成了军工文化建设的良性循环态势。

与此同时，在军工文化理论研究方面，近年来已经形成了一支相对稳定的军工文化研究队伍。研究人员学历层次比较高、学缘结构合理、科研能力强，以课题为牵引，使军工文化的研究不断开拓、深入。例如北京理工大学于2006年12月成立军工文化教育研究中心，以北理工从事组织文化教学、研究的人员为主体，专门从事军工文化教育和研究工作，承担组织文化学科建设与专业建设、人才培养、科学研究和社会服务等任务，特别为国防科技工业的文化建设提供人才培养、科学研究和咨询服务。近年来，军工文化的研究成果比较丰硕。致力于军工文化研究的学者和专家深入军工行业做了广泛深入的调研，从军工文化的历史发展中提炼出军工文化核心价值观即"国家利益至上"。"国家利益至上"的核心价值观又包括五个方面的基本内容：一是爱党爱国，服务国防；二是团结协作，服从全局；三是无私奉献，忠诚敬业；四是艰苦奋斗，自主创新；五是崇尚科学，精益求精。在"国家利益至上，竭诚服务国防"的核心价值观统领之下，军工文化的特色内容主要包括五个方面，即军工保密文化、军工质量文化、军工安全文化、军工型号文化和军工创新文化。

尤其值得注意的是，军工文化建设方面一些具体工作得到了落实。2007年，原国防科工委出台了《国防科工委关于加强军工文化建设的指导意见》（科工办〔2007〕16号），为军工文化的建设提供了理论指导和实践的依据；印发了《军工文化建设指南（试行）》《国防科技工业军工文化建设示范单位认定办法（试行）》《国防科技工业军工文化教育基地认定办法（试行）》《关于加强军工文化培训的若干意见》四个配套文件，评选了一批军工文化建设示范单位，在全行业树立了军工文化建设成效突出、影响广泛的示范单位，全面提升了军工文化建设整体水平。而军工文化教育基地的评选则在充分发挥军工文化教育资源辐射作用方面发挥出积极的作用。2007年，为宣传军工文化建设成果，《军工文化》杂志创刊，日益成为军工文化建设的重要载体；

2012年11月，以江西官田中央红军兵工厂遗址和山西黎城八路军黄崖洞兵工厂遗址修缮保护工程为试点，尝试性地开展军工历史遗址的保护与传承工作，并同时开展全国范围内军工历史遗址的普查工作。2014年，国防科工局牵头编制了《军工文化"十三五"规划》，目前正在修订四个配套文件。

总之，经过多年努力，军工文化建设浓郁的氛围已经形成，军工文化建设的重要性日益深入人心，建设成果也以各种载体形式得以宣传，成为国防科技工业战线建设的软实力，其正能量的文化元素在社会上的辐射效应也日益凸显。

二、当前军工文化建设面临的形势

当前，军工文化建设面临着诸多新形势。对军工文化建设而言既是机遇又是挑战，伴随着新时代的到来，军工文化建设也进入了一个新时期。

1. 习近平总书记提出了关于文化自信的新论断

党的十八大以来，习近平总书记在多个场合提到文化自信，尤其是在建党九十五周年的纪念讲话中，习近平对文化自信更是特别加以阐释，指出"文化自信，是更基础、更广泛、更深厚的自信"。党的十九大把更加自觉增强文化自信与道路自信、理论自信、制度自信并列，作为中国特色社会主义新时代推进伟大事业的基本要求。军工文化是中国特色社会主义文化的重要组成部分，体现着社会主义文化的先进性、革命性，浓缩着中国共产党人领导文化建设方面的智慧，其所彰显出的深厚的文化意义，对于国家和民族发展能够起到正向的影响。军工文化建设在党和政府非常强调文化自信的时代背景下遇到了宝贵的时代机遇。另外，在文化自信的背景下，如何通过军工文化独具特色的文化影响，折射出其对于全社会的激励、辐射的文化功能，彰显出军工文化的文化自信，如何坚守军工人的"初心"，以军工人的情怀守护自己的精神家园，可以说是军工文化在"文化自信"这一时代机遇中所面临的挑战和亟待解决的问题。

2. 国防科技工业发展进入了一个新阶段

随着时代的发展，从国际上看，我国的国防科技工业已经从跟踪模仿迈进到并行领先阶段。相应的，国防科技战线的工作方式、工作状态都要发生改变。国防科技事业的发展越来越多地融进了新理念、新战略、新技术，承载了更多的不同于以往的新内容。军工文化建设是国防科技工作中的一部分，从国防科技建设的层次与水平看，可以说军工文化建设进入了围绕新军事变革而进行、展开的新时代。军工文化建设如何结合国防科技工业发展进入新阶段所发生的一系列新变化，在文化建设方面呈现出新思考、新举措，新格局，也是当前军工文化建设面临的亟待解决的一个重要课题。

3. 军工文化建设进入了新媒体时代

当前，随着信息技术的飞速发展，人们接收信息的形式已经明显不同于以往。在网络高度发达的今天，纸质传媒与广播、电视、电影等传统媒体时代的文化载体的影响力已经明显不如传统媒体时代。人们接收信息、传播信息的速度与效率飞速提高。这在某种程度上改变着人们交往沟通的方式。在这样的一个新媒体时代，军工文化建设的目标、要求等也相应地进入了一个新媒体时期，有许多新的技术、方法以及形式可以运用，但与此同时，如何在新媒体环境下，结合新媒体的特点有效拓展、创新军工文化载体与传播渠道，提升军工文化建设的整体水平，是军工文化建设在新形势下需要深入思考的一个重要问题。

4. 军工文化建设的受众结构发生了新变化

当前，在军工行业内部有一批年轻的"90后"员工，他们是新时代的军工人。对于军工文化的宣传、教育而言，这一受众群体个性鲜明，朝气蓬勃，为军工文化建设注入了清新的活力和创造力。但是在现有工作成效的基础上如何考虑结合他们的特点和时代元素，有针对性地加强对这批新受众以及未来越来越年轻的军工人的教育、引导、激励，并且让军工精神自觉内化于其心、外化于其行，再通过他们将军工精神自觉辐射到行业内外，形成传统军工精神代际传承的良好局面，这也是军工文化建设在新形势下面临的一个突出问题。

第二节　军工文化建设存在的问题

近年来，军工文化建设虽然取得了可喜的成就，但是纵观军工文化建设的总体现状，目前在以下四个方面仍存在不足之处：

第一，对军工文化建设的重要性认识不够。目前，在文化自信的时代背景下，文化建设已经是我国全面建成小康社会、实现社会主义现代化和中华民族伟大复兴"五位一体"总体布局中的重要内容，在国家建设中具有重要的战略地位。而在军工行业内部，关于军工文化建设对我国国防科技工业、民族发展的重要战略地位，以及将军工文化建设提升到应有高度的认识还不够充分，仍有待深入和加强。

第二，军工文化建设的条件保障不足。文化建设需要资金、制度等多方面条件的充分保障。军工文化的建设如大型文艺汇演、军工题材影视剧的创作、系列精品图书的创作与出版、军工历史基地的修缮保护、军工文化研究课题的立项、军工文化研究队伍的培养等，不仅需要经费的充分投入，还需要持续的制度保障作为跟进。目前，从经费及制度方面而言所给予的保障力度仍有待加强。

第三，军工文化建设的组织方式需进一步完善。目前，军工文化建设大多属于军工行业内部各家单位的"民间自发"的研究和建设行为，除军工文化建设协会之外，尚缺乏强有力的由政府主导的组织体系。应该把军工文化建设作为政府军工管理部门的重要职能，以便更好地推动自下而上与自上而下的相互衔接，上下联动，共同促进军工文化建设，提升军工文化建设水平。

第四，军工文化传播方式和工作力度还没有充分展现出军工人的精神和贡献。目前看，军工文化在传播方式上还显得单一、陈旧，需要创新媒体宣传模式，丰富传播手段，注重与时俱进，探索出新媒体时代军工文化传播的方式、路径与平台建设手段。另外，目前的宣传工作如相关的影视剧等作品尚未充分展现出军工人的精神风貌和整个军工人这样一个群体在默默无闻中做出的伟大历史贡献。这也是当前需要改进和完善的一个地方。

第三节　加强新时代军工文化建设的指导思想和原则

一、党和国家领导人对文化建设的有关论述

毛泽东同志指出："文化是反映政治斗争和经济斗争的，但它同时又能指导政治斗争和经济斗争。文化是不可少的，任何社会没有文化就建设不起来。""民族的科学的大众的文化，就是人民大众反帝反封建的文化，就是新民主主义的文化，就是中华民族的新文化。"邓小平同志指出，我们要建设的社会主义国家，不但要有高度的物质文明，而且要有高度的精神文明。江泽民同志提出，弘扬主旋律，就是要在建设有中国特色社会主义的理论和党的基本路线指导下，大力倡导一切有利于发扬爱国主义、集体主义、社会主义的思想和精神，大力倡导一切有利于改革开放和现代化建设的思想和精神。胡锦涛同志提出，要推动社会主义先进文化更加深入人心，推动社会主义精神文明和物质文明全面发展，建设中华民族共有精神家园。习近平总书记强调，提高国家文化软实力，关系"两个一百年"奋斗目标和中华民族伟大复兴中国梦的实现。

这需要国防科技工业系统进一步推进军工文化建设，切实发挥军工文化的价值引领和精神导向作用，促进国防科技工业在新时期全面、快速发展，为国家安全、民族复兴夯实物质和文化基础。

二、加强新时代军工文化建设的指导思想

加强新时代军工文化建设，要以马列主义、毛泽东思想、邓小平理论、"三个代表"重要思想、科学发展观和习近平新时代中国特色社会主义思想为指导，全面落实十九大精神，彰显文化自信和中华民族伟大复兴"中国梦"时代主题。要紧密团结在以习近平同志为核心的党中央周围，强化"四个意识"，以社会主义核心价值观为引领，坚持国家利益至上，大力弘扬"两弹一星"精神、载人航天精神和军工精神，以提高自主创新能力和增强核心竞争力为着力点，以提高军工人素质和能力、增

强军工凝聚力和感召力、促进全行业改革和发展为目标，不断完善新时期军工文化建设长效机制，最大限度地激发军工文化内在动力和发展活力，努力推进国防科技工业供给侧结构性改革、可持续发展与全面创新，为建设世界科技强国、维护国家安全、实现民族复兴做出新的伟大贡献。

三、加强新时代军工文化建设的总体目标

一是精神理念目标。结合当前我国文化自觉、文化自信、文化自强的宏大背景，突出爱党爱国、服务国防科技工业、服务人民群众等核心要素，进一步提炼精神理念体系。大力提升公众对军工精神理念的认同度和亲切感，凸显军工文化的示范效应和社会效益。

二是制度体系目标。进一步完善先进的军工文化制度体系，主要包括领导体制、组织机构和管理制度。在领导体制上，要在党的领导下，选好配强文化工作领导班子，确保领导制度有利于以符合文化规律、符合人民群众需求的要求领导文化工作。在组织机构上，要突出政治性、先进性、群众性，不断增强组织向心力和吸引力。要建立完善的符合军工文化理念的规章制度。

三是物质建设目标。探索建立军工统一的视觉识别体系，要求特征鲜明，利于宣传。以强军富民，服务国防为引领，催生军工核心技术和更高质量的产品，助力供给侧结构性改革。推动军工文化专业场馆、网络平台、数字系统、文化遗址、示范基地、论坛会展等各项具体工作。

推出以下一系列标志性成果：

① 创新和完善一套协调有力、上下联动、科学高效的军工文化组织体制和运行机制。

② 进一步发挥军工文化建设示范单位、教育基地和模范群体人物的辐射作用，使得一批军工历史展陈场所成为红色教育和旅游的基地。

③ 推出一批富有时代特色的军工文化作品，不断增强军工文化的社会影响力。

④ 培养一支理论水平高、实践能力强、勇于创新的军工文化建设人才队伍，形成一系列新时期军工文化理论研究成果。

四、加强新时代军工文化建设的基本原则

1. 传承与创新相结合原则

军工文化是马克思主义普遍真理指导中国当代军工实践的产物，是我党军工事业长期发展中的精神结晶。推进军工文化建设要尊重历史，继承军工人在创业发展历史中形成的爱国奉献的优良传统。同时，又要紧密结合军工事业发展的科技特色，积极培育崇尚激励、保障创新、宽容失败的价值理念与制度环境，为军工事业的跨越发展提供核心驱动力。

2. 立足国情与国际借鉴相结合原则

当前我国的军工文化建设必须符合中国国情。立足中国国情，深入研究中西方文化的共性和差异，确保军工文化接中国地气，有国际视野。积极研究军工强国的价值理念、制度体系、文化建设，充分借鉴国际经验，如美国国防部高级研究计划局（DARPA）管理体系。在军工文化建设中确立和发挥我国特有的党建优势，用马克思主义中国化理论指导新时期的军工文化建设。

3. 理念强化与措施落地相结合原则

习近平总书记多次强调"知行合一"，军工文化建设也必须坚持"知行合一"。一方面从理念上不断强化军工文化，增强文化的引领、激励和辐射效应，另一方面要重视各项具体措施的开展与推进，确保落地生根，不断产生实效。措施落地和具体工作抓手要考虑体制机制约束。

第四节　新时代加强军工文化建设的主要措施

一、进一步加强核心价值体系建设

军工文化是社会主义文化建设中先进文化的重要组成部分，它以独特的文化气质、风貌谱写了壮丽的历史篇章，具有强烈的社会辐射功能，鼓舞激励着无数国人为中国特色社会主义事业奋斗。军工核心价值体系是社会主义核心价值体系在国防科技战线的生动体现。

1. 识别核心要素

从核心价值体系来看,军工文化含有爱党爱国、自主创新、协同集智、科技攻关、无私奉献、崇尚荣誉等基本要素。在新时代,要采取各种形式加强对军工文化核心价值理念教育,强化共同价值追求。军工文化的核心要素和展开元素如表5-1所示。

表5-1 军工文化的核心要素和展开元素

核心要素	展开元素
爱党爱国	国家利益至上、忠诚于党、敬业奉献
自主创新	服务国防、自主创新、敢于跨越
协同集智	团结协作、责任意识、大局观念、集中力量办大事
科技攻关	高科技、关键性、核心性、前沿性、有所为有所不为

2. 提炼价值理念

要结合各单位发展战略规划,形成各具特色、充满生机而又符合自身实际的理念,提炼符合军工文化特色的精神,总结、提升核心价值体系。提炼核心价值观既要挖掘历史价值、继承光荣传统,也要体现时代特征和发展需要。

3. 传播价值理念

首先,要优化识别系统。识别系统是一个单位的重要外在形象。行为识别系统和视觉识别系统要适应形势要求、适时优化,能够体现军工精神和军工核心价值观,显示军工特色,提升识别系统品位,树立良好的公众形象。其次,要建立全方位的传播机制,如编写企业文化手册,联系实际强化文化训导,举办讲座,开展文化演讲,建立文化网络等具体措施,让企业的所有员工都意识到企业文化建设的必要性和重要性。最后,要积极选树典型案例,充分发挥典型人物的榜样作用。军工文化承载了军工战线的优良传统和作风,唤醒了中国人强烈的民族自尊心、自信心、自豪感,激发了全体中国人的爱国热情和社会责任感,而基于延安精神、"两弹一星"精神和载人航天精神等所涌现出的国防科技工业各条战线中的鲜活事例和模范人物,则是社会主义核心价值观培育的典型案例，对推进我国公民教育、提高全社会的思想道德修养水平，营造爱岗敬业、诚实守信、团结友爱的社会主义建设氛围，培育社会主义的核心价值观具有积极的促进作用。

4. 固化价值理念

在创造良好文化环境的基础上，通过有效的形式，强化和固化文化理念，使先进的文化理念变成员工可执行的规范。具体来说，就是把企业文化建设中的成熟做法通过制度、准则、规范等形式加以强化，把企业的价值观念渗透到企业的每一项规章制度、行为准则中，特别是要建立相应的激励机制，如企业文化先进单位和个人表彰制度、职务晋升制度、企业文化考核制度等，使员工时时刻刻感受到文化的无形力量。

二、进一步加强特色文化建设

军工特色文化是军工文化"人无我有、人有我优、人优我特"之处，是军工文化区别于其他文化类型的独特标识，是辨别、建设军工文化最好、最快的方法。军工文化在发展过程中逐渐形成了军工保密文化、军工质量文化、军工安全文化、军工型号文化和军工创新文化的独特内容，其中，型号文化和创新文化所体现出来的创新意识与协同聚智的组织风范在新时期的军工文化建设中要进一步加以提升，以此为特色和抓手，进一步把军工文化建设工作落到实处。

1. 加强型号文化建设

重点型号是军工行业发展的重要载体，以此为基础的型号文化是军工文化特色的重要内容。从某种意义上说，国防科技工业尤其是航空工业、航天工业可以看成型号发展的历史。正是由于重点型号的发展，比如"枭龙""神舟""歼－20"，促使军工行业不断发展壮大。在科学技术日新月异的今天，重点型号是国防科技工业水平的重要标志，是国家和民族强盛的重要象征。围绕重点型号进行军工文化建设，形成富有特色的型号文化，可以带动科技创新，提升管理水平，推动人才队伍建设。因此，型号文化建设是军工文化建设的标志性特色内容。

2. 加强创新文化建设

对于军工行业来说，创新具有非同一般的意义。首先，军工科技只有依靠自主创新才能不断发展。任何一个国家最领先的军工科技都是对外保密的，尖端军工科技是买不来的，只有靠自主研发来获得。其次，军工科技的自主创新在很大程度上代表了国家创新能力。一个国家最先进、最尖端的科技往往都被率先使用在军工产品的研制中，军工行业的创新是国家自主创新的重要助推器。在军工企业中培育创新文化，形成良好的创新氛围，不仅有利于企业，更重要的是对国家自主创新能力的贡献。因此，创新文化建设是军工文化建设的动力性特色内容。

三、进一步加强军工文化建设的组织保障

深入推进军工文化建设，促使文化落地，必须加强顶层设计，提供政策、资金、平台、人才等组织层面的保障。

1. 制定完善军工文化指导文件政策

目前，全行业军工文化发展很不平衡，各军工企事业单位对军工文化建设的理解和认识水平也存在较大差距。因此，应进一步明确"十三五"期间军工文化建设的指导思想、建设目标、主要建设内容和建设要求、主要建设项目和进度安排、要达到的效果等，以加强对全行业军工文化建设的指导，促进军工文化建设又好又快发展。

制定《国防科工局关于军工特色文化建设指南》。军工特色文化包括保密文化、安全文化、质量文化、型号文化和创新文化，它是军工文化的重要组成部分，也是区别于其他行业的特色文化。作为国防科技工业，事关国家安全，其保密、安全、质量和创新工作相对其他行业来说更加重要；同时军工型号产品对研制和生产要求更高、难度更大，往往需要举全国之力来进行，军工型号的研制和生产体现了我国的国防实力和综合国力，因此保密、安全、质量、创新工作是国防科技工业各项工作的重点，应采取切实措施，将这些军工特色文化建设落到实处，搞好军工型号的研制和生产。在此，建议制定军工特色文化建设指南，包括《军工保密文化建设指南》《军工安全文化建设指南》《军工质量文化建设指

南》《军工型号文化建设指南》《军工创新文化建设指南》，以加强对各军工单位开展军工特色文化建设的指导。

2. 设立军工文化建设国家财政专项资金

军工文化具有红色文化基因，是中国特色社会主义先进文化的重要组成部分，具有民族性、科学性、先进性、时代性、多样性。国防科工局或国家主管部门应牵头设立"军工文化建设国家专项基金"，每年由国家财政专项资金拨付，同时吸引社会资金，选择重点、重要、重大的项目进行支持。各地军工企事业单位，可以利用政府财政专项资金支持，开展课题研究，建立军工文化展览展示中心，如军工文化纪念馆、军工文化博物馆、军工文化档案馆等，以展示本单位、本行业军工文化的发展历史和军工文化建设成就，以加强军工文化的影响力和向社会的辐射力，扩大军工文化的受众面。

3. 搭建军工文化交流沟通平台

各军工政府机关、企事业单位应该积极探索并建设军工文化理论研究及成果交流的平台。依托智能办公系统，采用大数据分析理论，建设好军工文化（云）管理平台等新媒体传播推广平台，内容主要应包括历史沿革、上级文件、领导讲话、核心价值观、军工单位文化理念、理论研究、建设成果、代表人物、先进集体、示范单位、教育基地、文化活动、时事信息等，应以文字、图片、视频多媒体技术等丰富形式来制作展示。

4. 建立完善军工文化作品的创作机制

军工文化作品可以是图书、画册、影像制品、网络传播产品、严肃游戏，也可以是影视剧、话剧、舞台剧等文艺作品。军工历史底蕴丰厚，军工科技赶超引领，有优质的创作资源，应抓好军工文化题材规划，搭建创作平台，形成军工文化作品和文艺作品良性可持续的创作环境。制定《军工文化重点作品创作项目化管理办法》，有序规划军工题材作品。在文艺创作各领域，如文学创作、视觉艺术、广电艺术、舞台艺术等方面对题材进行有意识挖掘、遴选，同时在创作过程中始终把握主导方向，使作品弘扬主旋律，宣传正能量，符合军工文化价值观，最终以生动活泼和百姓喜闻乐见的方式贴近群众，起到持续、有效的宣传效果，发挥军工作品的作用。

5. 加强军工文化理论研究队伍建设

随着经济社会的发展，国防科技工业正发生着巨大变化，从跟踪模仿向并行领先转变，由此在技术变革和转型升级中涌现出来的典型事迹、精神追求体现了军工文化的特质，赋予了军工文化新的内容，进一步丰富了军工文化内涵，进一步彰显了军工文化的核心价值。因此，既需要及时对新的实践进行总结、提炼、升华，进一步丰富军工文化理论内涵，又需要深化军工文化理论研究，形成具有军工属性的新的文化理论，以指导军工文化建设的实践。这就需要通过加强军工文化理论研究队伍建设，形成由政府主导的军工文化建设主管部门、业务部门，以及高校科研院所的专业学者、专业骨干等构成的理论水平高、实践能力强、勇于创新的军工文化建设人才队伍，以满足全行业军工文化建设和发展的需要。

由于军工文化的专业性较强，同时涉及的专业面较广，因此国防科工局或主管单位可以选择有实力的军工高校开展军工文化学科建设和专业人才队伍培养，依托人文社科类的一、二级学科，设置军工文化研究方向，既可以进行硕士研究生、博士研究生的学历学位教育，也可以开展第二学历教育以及开展访问学者层次的学术交流，为军工企事业单位在职人员交流培养提供支持；还可以开展军工文化建设咨询服务，为军工企事业单位的文化建设提供评估指导等工作。同时，应建立较为完善的军工文化教育培训体系和支撑平台，将军工文化培训经费列入预算，促使军工文化建设人才素质和能力显著提高。

四、改进军工文化建设的模式

军工文化是一种文化形态，其建设要符合文化建设的一般规律。同时，军工文化又是社会主义文化体系中的一支先进文化，具有独特的军工特色。立足以上两点改进军工文化建设以往的模式是军工文化发展的必然之路。

1. 从层次上，要改从外到内建设为从内到外建设的模式

从层次上看，文化包含物质文化、制度文化和精神文化。物质文

化属于表层，看得见、摸得着，所以众多企事业单位往往选择首先建设物质文化，包括环境、标识等。精神文化是观念形态和文化心理，是企业文化的核心。而制度文化是观念形态的转化，是企业文化表层和核心之间的桥梁。文化之所以能凝聚人心，主要在于其精神。因此，军工文化的建设首先要提炼和设计精神体系，然后固化为制度，再按照精神文化和制度文化的要求建设物质文化。

2. 从路径上，要改自上而下建设为自下而上建设的模式

一谈到企业文化，人们都认为是老板文化，被视为企业家或企业群体权力智慧化、理念制度化的过程，自上而下进行宣贯，使得员工认同，员工是被动接受文化。受西方企业文化理论的影响，众多军工企事业单位自上而下建设军工文化。军工企业是国家的企业，是党领导的企业，是广大军工人的企业。军工文化则是广大军工人的文化，是在军工事业长期发展历史中形成的军工人的价值观念、思维模式和行为方式，是广大军工人在建设、发展军工的长期过程中创造的科学的、人民的、大众的文化，是军工人主动创造的文化。军工企事业单位的领导人只是承担着启动、整合、提升和示范的职责。但是在调研过程中，我们发现很多单位不发动群众，而是将领导总结的信条奉为金科玉律，领导人的语录有凌驾于军工文化之上的趋势。这样导致了自我封闭、闭门造车，军工企业文化之路越来越狭窄。军工文化建设要化繁为简、畅通对话通道、发挥员工的传播效应，要改变以往"自上而下"建设的模式，进行"自下而上"的建设来发展军工文化。

五、改进对军工文化建设的认知

受西方企业文化理论的影响，我们对军工文化建设的认知有不到位的地方，急需改进。

1. 要在内涵上重新理解军工文化

就军工企业而言，军工文化是军工企业文化的核心，这决定了军工文化的内涵远比其他的企业文化丰富。很多军工企业认为，现在主要是向市场要效益，文化建设的内容都是围绕市场效益来进行的。在迎接军工文化建设调研和示范单位评估中，过于强调企业文化的市场

属性，认为军工企业的文化就是企业文化，这样就造成自身文化缺失了很多内涵。比如将质量文化简单地理解为"质量第一，顾客至上"的口号，没有挖掘其内涵，与现在众多企业的理念没有任何区别。实际上我们军工质量文化不仅仅是顾客至上，更重要的是有丰富的政治内涵。因为军工产品的质量是国防现代化建设的基础，是国家安全的重要保障，与国家命运息息相关，充分体现了军工事业的使命与责任。

2. 要在底蕴上重新校准军工文化

很多军工企业盲目模仿其他企业文化，更多地面向当前和未来的市场状况提口号、建体系，没有意识到军工文化是自身文化的渊源，军工企业文化是在军工文化传承的基础上发展起来的。如很多企业将"爱国奉献、求实创新"定为企业精神，却没有很好地加以诠释，使得当前军工文化理念泛化，没有特色，不能接地气，群众不认可，不欢迎。应该坚持军工文化的高度自信，认真研究军工发展的历史，从源头挖掘文化底蕴，提炼关键成功要素，形成精准的军工文化体系，为军工人提供精神食粮，向社会展示军工文化的魅力。

3. 要在地位上重新认识军工文化

军工文化体现出服务国防建设、推动国防科技工业发展的文化追求，承载着军工人"服务国防"的崇高境界，展现着军工人昂扬向上的精神风貌，凸显着"国家利益至上，竭诚服务国防"的核心价值观。军工文化是先进社会主义文化的有机组成部分，对于军工文化及其建设，决不能局限于单位内部管理的要求，而是基于时代的要求、基于推进国防科技工业可持续发展与全面创新的使命，站在繁荣社会主义文化、提升国家软实力的高度来认识，从而提升军工文化建设的使命感和责任感。

六、改进军工文化的传播手段

新媒体环境下，军工文化不能再局限于传统传播方式，必须考虑新媒体的特点，用新的技术、新的传播方式来丰富军工文化的传播。

1. 建立健全开放协调的传播管理体系

实施全过程的管理模式，建立完善的军工文化传播管理体系。全过程的管理模式即是将传播的策划、实施、监控、检测、反馈、改进等各个过程都纳入管理体系之中,使军工文化传播的全过程受到有效控制,从而成为开放协调的传播管理体系。当传播的环境、内容、媒介等发生变化时,体系将及时主动地调整管理要素和过程构成,以应对相应的变化。

2. 提高军工文化信息传播的针对性

主动研究各层次受众的接受特点,提高传播的针对性。因知识层次、生活环境的不同,导致受众的接受心理和认知能力有所不同,对军工文化理论的理解和接受程度也存在差异。借助心理学等手段开展受众微观层面的研究,把握受众的接受心理特征和水平,按照接受群体的特点有的放矢地进行军工文化的传播。

3. 提高军工文化传播的实效性

首先,要创新思维,把握技术进步带来的传播新变化,及时改进军工文化在专业性媒体传播的技术手段,如借助微博、微信等新兴媒介开辟新的传播阵地。其次,依托网络服务平台,采用VR、AR等技术提高军工文化传播的趣味性,扩大影响范围。要充分利用手机报、手机微博、手机客户端等传播方式,拉伸传播的空间和时间。制作相关的数字音频、视频文件,如微电影、DV等微视频,以及播客、动漫等,增加大众化传播资料的趣味性,提高受众的学习兴趣。最后,激发受众的主动性,倡导理性的思维方式。理论宣传网站、QQ群、微信群要提高建设水平,多增设互动交流栏目,及时把握与军工文化有关的社会热点问题,启发、引导受众的理性思考。

第六章

军工文化建设的评估与培训

第一节 军工文化建设的评估

一、军工文化示范单位评估

1. 军工文化示范单位评估总则

① 在军工文化示范单位评估中,树立新时代军工文化建设成效突出、影响广泛的示范单位,在国防科技工业军工文化建设示范单位认定中,进一步提升军工文化建设整体水平。

② 军工文化示范单位具备的条件是:军工文化建设措施有力、特色鲜明、成效突出、影响广泛,在军工行业具有示范和引领作用的企事业单位。

③ 军工文化示范单位的认定原则是:自愿申报,具备示范单位条件的单位均可申报;公正择优,在择优的基础上,公正地对申报单位进行评估;坚持标准、确保质量,严格按照标准评估,确保示范单位的质量;积极稳妥,分期、分批、按计划开展认定工作。

2. 军工文化示范单位评估指标体系的构建

在军工文化理论研究的基础上,依据军工文化建设实践,将评估标准设 3 个一级指标、10 个二级指标、28 个观测点。一级指标分别为军工文化建设的领导与组织、军工文化建设的研究与实施、军工文化建设的成果与效果 3 大部分。

（1）军工文化建设的领导与组织

第一个一级指标军工文化建设的领导与组织主要考查领导的重视和认识程度，考查军工文化建设的组织支撑状况，包括文化自觉程度、组织领导体系与机构、运行机制 3 个二级指标。

① 文化自觉程度。树立文化建设的战略地位，正确认识并恰当处置文化建设这个全局，是文化自觉最重要的标志。因此，设置了领导重视、认识到位、思路清晰和创新发展 4 个观测点来考查单位的文化自觉程度。领导重视是文化自觉的前提条件，主要考查单位对上级单位和部门对加强军工文化建设有关文件的贯彻落实情况，考查按照指导意见、结合自身实际开展军工文化建设的主动性、积极性和准确性。认识到位是文化自觉的重要标志，主要考查单位是否坚持继承、弘扬以"两弹一星"精神和载人航天精神为核心内涵的军工文化；是否遵循行业文化，并形成了自身军工特色鲜明的企业文化；能否正确认识和处理军工文化、集团文化、企业文化之间的关系。思路清晰是文化自觉的关键环节，主要观察单位如何处理军工文化与其他工作的关系，军工文化建设的思路是否清晰。创新发展是文化自觉的重要标志。

② 组织领导体系与机构。文化自觉标志着主要领导对军工文化的认知高度，但是要把军工文化的思路、意识转化为实际行动，离不开较为完善的领导体系和机构。因此，我们设计了这个二级指标，并通过领导管理和组织机构两个方面进行观测。领导管理，主要观测对于军工文化的领导管理是否到位，即军工文化建设的决策保障程度；军工文化建设是一项系统工程，需要专门的职能部门推动，同时需要相关部门主动协同，构成军工文化建设的组织保障。

③ 运行机制。制定总体规划、建立规章制度、完善激励机制等，才能使军工文化建设稳步发展，保持长久的活力。因此，从规划计划、规章制度、监督考核 3 个方面来观测是否形成了良好的运行机制。规划计划，观测军工文化建设发展规划是否科学、年度工作计划是否合理、落

实措施是否得力;规章制度,观测军工文化建设管理制度是否科学、规范、完善;监督考核,观测军工文化建设监督是否到位、考核是否严格、奖惩是否分明。

(2)军工文化建设的研究与实施

军工企业非常重视军工文化的继承和发展,在军工文化建设方面做了大量工作,一些企业已经积累了大量的经验。同时,一些不尽如人意的地方,可以概括地归结为"认识不够清楚、发展不够平衡、社会影响不够明显"。理论指导实践,没有理论指导的实践是盲目的实践。因此,设计"军工文化建设的研究和实施"这一指标就很有必要,列出研究应用、条件建设、项目建设二级指标来判断这一指标是否达标。

① 研究应用。本指标设立课题研究、研讨交流、成果应用三个观测点进行评估。课题研究,主要考查是否每年有军工文化建设课题列入单位的工作计划,课题研究的理论价值和实践意义如何,是否有课题研究报告;研讨交流,主要考查是否每年有军工文化研讨交流活动,并以公开发表论文或调研报告,或公开出版专著、文集等形式巩固文化研讨交流的理论成果;成果应用,则是评估示范单位的军工文化研究成果是否能够在实践中得到应用,是否能够有效促进军工文化建设工作。

② 条件建设。军工文化建设的研究与实施,要有充分的人、财、物保障。因此,设计队伍建设、经费投入和基础设施三个观测点评估单位的条件建设。队伍建设,主要考查军工文化建设队伍能否满足军工文化建设定位要求,保证军工文化建设的编制、岗位和人员;经费投入,主要考查经费投入能否满足军工文化建设的需要;基础设施,主要考查是否有开展军工文化建设的媒体和文化、艺术、体育场馆等宣传教育交流阵地,是否有展示军工文化成果的场所和丰富的军工文化建设文献资料,军工文化建设的基础设施条件是否良好,是否能够发挥实效。

③ 项目建设。军工行业是一个由众多组织构成、相互兼容的有机整体。军工行业内各组织文化既要统一于以"两弹一星"精神和载人航天精神为核心内涵的文化体系之中,又要突出本行业、本地区和本单位特色,形成既有利于增强全行业整体合力又有利于彰显个体活力的良好局面。因此,设计了规定项目和特色项目两个观测点来评估项目建设。规

定项目，主要考查保密文化、质量文化、安全文化、型号文化和创新文化5个不同于其他行业文化的军工文化项目的建设情况；特色项目，主要考查各个单位是否形成了自身特色文化，使得军工文化更加丰富多彩。

（3）军工文化建设的成果与效果

文化建设关键在结果，军工文化建设的目的是通过总结成功因素，清晰核心价值，理顺价值差异，统一管理思想，澄清共同语言和准则，通过对内的整合达到对外部环境的适应，提高组织运作效率，提高核心竞争能力。因此，文化在管理中的渗透和深植比文化体系本身更重要。所以，军工文化建设的成果与效果是评估军工文化建设示范单位最重要的标准。我们将这个一级指标划为价值体系、精神风貌、经营管理、社会声誉4个二级指标。

① 价值体系。价值体系是文化的核心内容，对价值体系的思考是讨论文化问题的前提。我们设计了体系建设和落实效果两个观测点反映这个指标。体系建设，主要考核价值体系是否能体现先进性、科学性、系统性，体现"国家利益至上"的核心价值观，适应军工行业和单位发展需要，满足员工需求；落实效果，主要衡量价值体系是否得到员工的广泛认同，价值观是否成为员工的自觉行动。

② 精神风貌。精神风貌是军工企事业单位军工文化最直接的展示，设计了领导风范、员工素质、单位形象和先进典型四个观测点来进行评估。领导风范，主要考查军工单位领导人是否在诚信、自律、进取、创新、奉献、廉洁等方面为员工做出表率；员工素质，主要考查员工在工作、学习中是否表现出良好的素质，如爱国、奉献、协作、严谨、进取，是否积极参与单位的文化活动，呈现出较强的凝聚力；单位形象，主要考查单位工作、生产、生活环境是否整洁优美，视觉识别系统是否规范鲜明，社会形象是否良好；先进典型，主要考查国家、国防科工局、集团公司或地方表彰、宣传、树立的优秀人物、模范群体或创新团队情况。

③ 经营管理。企业的经营管理是军工文化建设的基础，是创建优秀文化强有力的载体和手段，军工文化发展与追求企业发展、实现好的经济效益是一致的。所以，我们设置了单位效益和管理创新两个观测点。单位效益，主要考查军工文化建设的结果是否使单位效益逐年增加；管

理创新主要考查军工文化建设与管理是否紧密结合，推动了管理创新，产生了突出的管理成果。

④ 社会声誉。军工文化是一种先进的文化，军工文化建设得好，它的社会辐射作用就强。因此，社会声誉的好坏也直接反映着军工文化建设的水平。设计了社会评价、荣誉称号、媒体形象三个观测点来评价社会声誉。社会评价，主要考查企业的客户满意度、合同履约率、产品和服务的知名度；荣誉称号，考查单位获得的荣誉称号；媒体形象，主要考查媒体报道情况。

3. 军工文化示范单位评估的方式和程序

① 评估工作采用听取汇报、查阅资料、现场考察、员工访谈、问卷调查和用户调查等方式进行。

② 评估程序主要包括：自评，申报单位根据评估标准进行自评，形成《自评报告》；申报，申报单位向主管单位（部门）提出申请，填写相关申请表；推荐，主管单位（部门）按照评估标准审核后，提出推荐意见，报国防科技工业新闻宣传和军工文化建设领导小组办公室；评估，领导小组办公室组织专家进行评估，并提出评估意见；审批，领导小组办公室将评估意见报国防科技工业新闻宣传和军工文化建设领导小组审批，经批准的示范单位由国防科工局授予"国防科技工业军工文化建设示范单位"称号并颁发证书。

4. 军工文化示范单位的管理

① 国防科工局及主管单位（部门）坚持"以评促建、评建结合、重在建设"的原则，对示范单位进行管理，推广交流其经验。

② 示范单位每年对军工文化建设情况进行总结并上报国防科工局及主管单位（部门）。

③ 对于在保密、质量、安全等方面发生重大事故（事件）或领导班子廉政建设出现重大问题，并造成严重后果和恶劣影响的示范单位，取消其称号。

④ 各省、自治区、直辖市国防科工部门、各军工集团公司、中国工程物理研究院、各军工高校（含共建高校）组织本系统、本单位（部门）军工文化建设示范单位的评估。

二、军工文化教育基地评估

1. 军工文化教育基地评估总则

① 军工文化教育基地评估的指导思想。高举中国特色社会主义伟大旗帜,以马克思列宁主义、毛泽东思想、邓小平理论、"三个代表"重要思想、科学发展观、习近平新时代中国特色社会主义思想为指导,贯彻落实新发展理念,以"中国梦强军梦"为主题,为推进社会主义文化强国建设和新时代中国特色先进国防科技工业体系建设提供强大精神动力、智力支持和文化保障。

② 军工文化教育基地评估的目的。为落实《关于加强国防科技工业新闻宣传和军工文化建设的指导意见》要求,发挥军工文化教育资源的辐射作用和教育功能,做好军工文化教育基地认定工作。

③ 军工文化教育基地的认定原则。自愿申报,具备教育基地条件的单位均可申报;公正择优,公正、择优认定军工文化教育基地;发展需求,教育基地应与国防科技工业的发展需求相一致;分期分批,定期按计划开展认定工作。

2. 军工文化教育基地认定条件。

军工文化历史底蕴深厚,具有较强的军工行业代表性;军工特色鲜明,具有较高的社会知名度;设施或展品完善,具有一定的规模;组织机构健全,具有严格的管理规范;辐射作用强,具有较强的教育功能;没有涉密内容,具有很强的社会开放功能。

3. 军工文化教育基地认定程序

① 教育基地的申报与推荐。申报教育基地的单位须填写《国防科技工业军工文化教育基地申请表》,并报上级主管单位(部门);申报单位经主管单位(部门)审核后,提出推荐意见并报国防科技工业新闻宣传和军工文化建设领导小组办公室。

② 教育基地的评审与审批。国防科技工业新闻宣传和军工文化建设领导小组办公室组织专家进行评审,提出评审意见,上报国防科技工业新闻宣传和军工文化建设领导小组审批。经批准的教育基地由国防科工局授予"国防科技工业军工文化教育基地"称号并颁发证书。

4. 军工文化教育基地的管理

① 国防科工局及其主管单位对教育基地的发展提供必要的服务和支持，并对教育基地的工作进行指导、检查和考核。

② 对于军工文化教育成效显著的教育基地，将给予重点支持，并向有关部门推荐表扬。

③ 对于不能继续发挥军工文化教育功能的教育基地，应限期整改；限期整改后仍不合格的撤销其"国防科技工业军工文化教育基地"称号。

三、军工文化遗产评估

1. 军工文化遗产认定的指导思想

深入贯彻落实中共十九大精神和习近平新时代中国特色社会主义思想，进一步规范军工文化遗产的评审工作，充分发挥军工文化遗产的激励、导向作用。

2. 军工文化遗产认定的原则

① 坚持军工特色。聚焦军工工业特色，弘扬军工精神，彰显军工文化，反映军工工业文脉，凸显军工本色。

② 坚持严标准。严格按照军工文化遗产评价标准进行评审，确保遗产得到广泛认可，充分发挥军工文化遗产的软实力。

③ 坚持传承创新。注重军工文化孕育、发展、形成中的根与魂，坚持文化传承性；注重军工文化在推动时代进步，形成时代特征、丰富内涵方面体现出的文化创新性。坚持传承中有创新，保护中有发展。

④ 坚持稳步推进。调动有利因素，凝聚共识，积极组织，自愿申报。对保护和利用基础好、有示范性的遗产分期分批开展评审认定。

3. 军工文化遗产认定标准的构建

军工文化遗产评价指标可通过代表性、完整性、原真性三个方面进行评价。代表性根据军工文化遗产本身具有的特征和价值进行评判，其价值是军工人智慧的结晶和社会进步的标志，即凝结在军工历史遗迹、遗物中的军工人的劳动，包括历史价值、军工文化价值、科技价值、教育价值、经济价值；完整性根据军工文化遗产的完整程度进行评判，包括建筑的完整性、机器设备的完整性、生产流程的完整性和资料的完整性；原真性根据军工文化遗产保持本来的面貌、状态、真实情况进行评价，包括建筑原真性、机器设备原真性和资料的真实性。

(1) 代表性

历史价值是指工业文化遗产在一定历史时期的人类社会活动的产物，是当时具体而真实的实物见证，是历史文化的重要载体，对历史发展产生了积极影响或者是事物本身具有特殊意义。历史价值主要通过与军工发展历程中重大历史事件和重要历史人物等的相关程度得以反映、评判。重大历史事件是指第一颗原子弹爆炸、第一颗氢弹爆炸、第一颗人造卫星上天等对社会发展有着重大影响力的事件，在中国历史和军工历史上具有标志性地位；重要历史人物包括对军工事业做出突出贡献的科学家、科研工作者与工程师，以及政治人物等。与军工发展历程中的重大历史事件和重要历史人物相关度越高，其历史价值越高。历史价值包括军工文化遗产在军工史上的地位和对科技史的贡献。

文化价值是指当一定的存在着某种具有文化需要的主体发现了能够满足自己文化需要的对象，并通过某种方式占有这种对象时出现的关系。军工文化遗产的文化价值是指遗产能够满足军工人以及其他大众的物质文化、精神文化需要，体现着军工文化的价值。特别是体现以"热爱祖国、无私奉献，自力更生、艰苦奋斗，大力协同、勇于登攀"的"两弹一星"精神为核心内涵的物质和精神文明成果，军工系统的思想观念、价值取向、法规体系和行为规范，以及体现在军工战线上的爱国主义、集体主义、社会主义和革命英雄主义精神等。文化价值包括军工文化遗产在军工文化形成中的地位与作用，在军工文化传承中的价值与作用。

科技价值是指军工文化遗产在科学和技术方面能够体现出的价值以及记载军工科技推动相关科技发明、进步做出的贡献。科学技术就是生产力，生产力决定生产关系，科学技术通过对物质文明的发展来影响和促进社会的政治、经济、文化等各方面的进步与变革，可以说科学技术是推动人类社会前进的根本动力。文化遗产作为历史的产物，反映出当时社会条件下生产力的发展状况、科学技术水平和人们的创造能力，为后人的科学研究提供了参考借鉴的信息资源，具有科学价值。军工文化遗产本身蕴藏着产生它的那个时代的科学技术信息，通过实物比较研究才能确定它具有多大的科技价值。科技价值包括科学价值和技术价值。

在审视和判断军工文化遗产的教育价值时，以军工文化遗产对教育活动、教育对象的有用性为依据。伟大的事业，产生伟大的精神。在军工的发展历程中，军工人培育和发扬了一种崇高的精神。这是爱国主义、集体主义、社会主义精神和科学精神的生动体现，是军工人为中华民族创造的宝贵精神财富。军工文化遗产见证了伟大精神的孕育和形成，具有极其珍贵的教育价值。教育价值，包括军工文化遗产的传承与弘扬、激励和辐射。

经济价值是指军工文化遗产对于人和社会在经济上的作用程度和意义大小，而这往往是通过旅游来实现的。军工文化遗产用于展示或兼作他用，开辟成一种独具特色的企业纪念馆、厂史展示馆、工业技术博物馆。废弃的旧厂房、车间、烟囱乃至室内的通风通水管路、旧设备，通过适当安排，可成为重要的旅游文化景观。对于具有特殊历史意义的工业场所可设为专题博物馆。通过对遗产进行发掘、保护，在合理利用中为城市或地区积淀丰富的历史底蕴，注入新的活力和动力，为城市经济或地区经济未来发展带来许多支持，能成为拉动经济发展的重要源泉。经济价值包括军工文化遗产的开放程度、对拉动经济的作用。

（2）完整性

《保护世界文化和自然遗产公约》第88条指出：完整性用来衡量自然或文化遗产及其特征的整体性和无缺憾状态。评估遗产完整性，要判断其价值体现的主要特征是否完美表现，遗产本身的特色和形成过程能否表现，受到发展的负面影响能否被忽略。军工文化遗产的完整性是从遗产结构的完整程度、主要特征的完整程度、相关要素的完整程度几方面评价判断。具体讲从生产流程、遗址格局、建筑保存完整程度和从设备、设施、资料的完整程度评价，兼顾规模大小，越完整和规模越大的价值越高。军工文化遗产的完整性包括结构完整性和要素完整性两个方面。

结构完整性是指遗产本身主体结构、遗址格局的完整程度，以及与周围空间、环境产生关系的完整程度，包括军工文化遗产建筑的完整性以及机器设备及生产流程的完整性。

随着经济社会的发展，军工文化遗产是存在于一定的环境中的，它受到政治、经济、社会外部环境的制约和影响，同时也会影响和改变着外部环境。发展就会产生遗址，不加保护进一步发展就会影响遗址。要素完整性评价指标衡量军工文化遗产中各组成要素受经济社会发展影响的程度。受影响越小，受损坏程度越低，受破坏程度越低，完整程度就越高。外部发展环境因素对遗产本身影响的程度，如建筑物的房顶、墙、支柱、横梁、门、窗等是否完整，高炉、车床等生产设备要素（或零件）是否完整，以及相关联的食堂、宿舍、学校等生活服务要素（或单元）是否完整。要素的完整性，包括军工文化遗产建筑物要素的完整性以及机器设备要素的完整性。

（3）原真性

《奈良文件》将遗产的原真性作为认定遗产、评估价值、保护遗产的一项重要因素。原真性反映遗产本来状态和真实程度。遗产体现的价值取决于关于该价值信息源的真实度或可信度。遗产信息源是认识文化遗产的性质、特性、含义和历史的重要依据，包括物质型、文字型、口头型和图像型信息源。使用信息源对遗产特征的认识和理解，是分析评价原真性各方面的必要基础。军工文化遗产原真性体现在外形与材质的原真性、用途与功能的原真性和资料的原始性。其原真性程度越高，遗产的价值就越高。

外形与材质的原真性，包括两个方面：其一，建筑外形与材质的原真性和生产设备、设施等外形与材质的原真性。建筑外形与材质的原真性。随着时间的积淀，有一些军工建筑和设施可能遭到了毁坏或损坏，经过修缮、局部材质更换的建筑价值将递减。保持原有状态、原始材质的工业建筑具有更高的价值。其二，生产设备、设施等外形与材质的原真性。生产设备是由大量的机械构件、电路与电气元件组成，在长期、反复使用中基本保持原有实物形态和功能的生产资料与物质资料的总称。生产设备由一定的机械构件组成，但是由于使用以及其他原因，生产设备的构件可能损坏甚至被替换，因此作为遗产的生产设备应该为原始的设备构件。评价生产设备构件原真性的指标为原始的生产设备构件、原始形态、原始材质，而非仿制品或替换品。

用途与功能的原真性,包括军工文化遗产生产功能和生活功能的原真性。军工文化遗产承载的物质的、非物质的文化信息,是老一辈军工人生产和生活的历史印记,是军工精神和企业文化的见证。因此,完整的遗产能体现出遗产的全部功能,包括武器研究、武器制造等生产功能,以及服务于军工人的服务、活动场所的生活功能。所以在评价其用途与功能原真性的时候要看其在生产和生活方面的功能。

资料的原始性,包括军工文化遗产可视性资料或口述资料的原始性。真实的资料对后世才具有借鉴价值,能够给后世正确的信息,所以资料的真实性是很重要的。资料真实性使准确认识文化遗产的性质、特性、含义和历史成为可能。资料是对军工文化遗产的记录,包括文字、影像、照片等,资料是后人研究军工的一个重要依据,真实的资料是后人了解当时情况的基础。

4. 评审认定程序

① 推荐申报。各二级单位按照军工文化遗产认定标准及相关要求进行申报,具有遗产所有权的个人可向所属二级单位提出申请,由二级单位统一将遗产申报表及相关支撑材料上报至指定机构。

② 评审。由指定机构对上报材料汇总整理,对申报对象进行初审,筛选出符合申报标准的对象,列出遗产候选名单。组织专家对候选名单进行集中评审,按照保密等相关要求,通过听取汇报、查阅资料、现场考察、座谈访谈等方式,根据评审标准形成评审意见。组织有关领导和专家进行会议评审,形成复评意见。

③ 认定授牌。根据专家评审意见、会议复评意见确定拟认定的遗产名单,并予以公示。对公示后无异议的遗产认定授牌。

第二节 军工文化的培训

一、军工文化培训的指导思想和总体目标

1. 军工文化培训的指导思想

高举中国特色社会主义伟大旗帜,以马克思列宁主义、毛泽东思想、

邓小平理论、"三个代表"重要思想、科学发展观、习近平新时代中国特色社会主义思想为指导，以"中国梦强军梦"为主题，坚持改革创新，坚持军民深度融合，讲好军工故事、传承军工文化、弘扬军工精神、凝聚军工力量，为提升军工文化建设水平，加快推进新时代中国特色先进国防科技工业体系建设提供智力支持和人才保障。

2. 军工文化培训的总体目标

建立较为完善的军工文化培训体系和工作平台，军工文化建设人才队伍的素质和能力显著提高，为提高全行业军工文化建设水平提供有力的人才支持。

构建一套培训体系。建立由国防科工局及主管单位（部门）（包括地方国防科工办、军工集团公司、中国工程物理研究院、相关高校，下同）、基层企事业单位分工负责、上下联动的军工文化培训体系。

组建一支师资队伍。组建一支由国防科工局及主管单位（部门）、基层企事业单位组成的专兼职相结合的军工文化培训师资队伍，建立师资库，为各单位的培训提供师资保障。

编写一套培训教材。重点围绕国防科技工业发展历程与发展战略、军工文化理论与实践研究等方面的内容组织编写教材，为各单位的培训提供教学保障。

建设一流交流平台。依托国防科工局、地方国防科技工业管理部门、军工集团以及相关单位门户网站、自媒体等，开展跨行业多媒体文化交流。

造就一支人才队伍。努力培养一支既了解国家行业文化发展趋势、又熟悉本单位文化建设情况，理论水平高、实践能力强、勇于创新、具有时代担当精神的军工文化建设人才队伍。

二、军工文化培训的组织

① 军工文化培训按照"突出重点、区分层次、注重实效"的原则，主要采取讲授、研讨、交流、参观等方式进行，做到理论联系实际、学用结合。

② 军工文化培训由国防科工局及主管单位（部门）组织实施。

③ 军工文化培训分三个层次进行。

对各企事业单位军工文化建设主管领导干部的培训,由国防科工局及主管单位(部门)负责组织。培训内容主要包括国防科工局及主管单位(部门)的发展战略和工作思路、军民融合与军工文化建设、军工核心价值理念等。主要采取听报告、授课、研讨、考察等方式。

对各企事业单位军工文化建设主管部门人员的培训,由主管单位(部门)负责组织。培训内容主要包括国防科工局及主管单位(部门)对加强军工文化建设的要求、军工文化建设的理论与实务、组织与实施等。主要采取授课、研讨、考察等方式。

对各企事业单位军工文化建设基层骨干的培训,由企事业单位负责组织。培训内容主要包括军工文化建设的基础知识、军工文化建设实务等。主要采取授课、研讨、考察等方式。

三、军工文化培训的要求

1. 提高认识,加强领导

国防科技工业各单位(部门)要提高对加强军工文化培训重要性的认识,将军工文化培训同业务培训结合起来,确保培训效果。

2. 强化保障,确保落实

国防科技工业各单位(部门)要制定切实可行的保障措施,将军工文化培训纳入财务预算,落实人员,确保军工文化培训顺利进行。

第七章

军工文化建设实例

第一节 保密文化实例：特色保密文化 锻造陕飞之魂

中航工业陕西飞机工业（集团）有限公司（以下简称"陕飞"），位于陕西省汉中市，隶属于中国航空工业集团公司，是经中央批准设立于1969年的中国唯一研制、生产大、中型军民用运输机的大型国有军工企业。陕飞集团这个曾被定为"缓建""维持"的三线军工企业，近年来势如破竹，迅速崛起，打破了一项项新纪录，迎来了一次次发展新纪元。如今，陕飞的多种型号飞机的研制成功（见图7-1），填补了我国航空工业多项空白，为国防建设做出了突出贡献。

陕飞地处汉中三线，这里经济欠发达，交通等基础条件较差。公司发展初期，受多种因素影响，生产力水平不高，产品研发能力不强，市场竞争力差，员工队伍很不稳定，科研、生产难以为继，企业陷入困境。强烈的责任意识、发展意识，促使领导班子苦苦探索发展出路。他们反复剖析现状，认为造成企业不景气的原因固然很多，但企业愿景未形成清晰概念、员工价值观模糊、观念陈旧等，则是制约企业发展的桎梏。

图 7-1 陕飞研制的飞机

靠什么确保任务按期完成，靠什么推动企业走出低谷？经过企业的不断发展，集团认为企业文化是企业之魂、力量之源，是谋求企业基业长青的重要因素。"十三五"以来，公司领导班子在企业发展过程中除了整合一切可利用资源、强化管理之外，还紧紧依靠文化的力量凝人心、聚人气、鼓实劲。

文化强企战略确定后，陕飞把军工文化建设作为一项重要工作纳入议事日程，开展了大量富有成效的工作。为整合企业文化资源，陕飞成立了专门负责军工文化建设工作的企划部，由总经理、党委书记亲自领导，建立健全领导机构、组织机构和传播体系、考核评价体系，使军工文化建设从组织机构上有了根本保证，形成了党政工团齐抓共管的格局。陕飞在军工文化建设中，始终把建设特色文化作为重点来抓。集团积极探索，不断创新，全面致力于型号文化、质量文化、安全文化、保密文化、创新文化、节日文化等独具特色的陕飞新文化建设，使其直接影响和推动企业不断发展。

保密文化建设在陕飞的企业文化建设中尤为突出。陕飞深知，作为军工企业，建立一套适应军工企业发展和现实要求的创新型保密工作运行机制尤为重要。陕飞在发展过程中，提高保密能力建设，用系统管理理念，严格过程方法，真正做到了"谁主管，谁负责""随时产生、随时界定""业务工作管到哪里，保密工作就管到哪里"。

陕飞深入贯彻"积极防范，突出重点，强化基础，科学管理，提高能力，确保安全"的保密工作方针，形成了以保密委员会为核心，保密办、保密专题工作领导小组分工负责、管理科学的保密工作网络体系；完善和创新保密管理制度，建立了包括定密管理、载体管理、要害部门与要害部位管理制度等在内的保密制度体系；利用广播、电视、报纸等媒体，开展保密宣传教育，定期举办讲座；定期审定所有涉密人员任职资格，与涉密人员签订保密承诺书，加强涉密人员管理。具体体现在以下几个方面：

一是重视保密教育，提高保密培训的力度和有效性。陕飞首先按照每位员工的工作岗位和所对应的工作职责进行全面排查，在尽可能减少涉密范围的情况下，对可能接触到集团涉密材料的员工进行逐一确认，有效地签订了保密协议书，从源头控制集团涉密材料的知悉范围。并对涉密人员进行不间断的保密培训教育，让每一位涉密人员都掌握了必要的保密知识，熟悉保密工作纪律，提升了每位涉密人员的保密工作自觉性，使得遵守保密规定成为集团涉密人员的自觉行为。

二是严格执行保密工作检查机制。陕飞集团内部组织定期和"偷袭式"的保密检查。定期的检查促进了集团内保密管理体系的建立。"偷袭式"的检查是在没有任何通知的前提下进行的突击检查，不留死角。这样的检查可以体现出集团真实的日常保密管理水平，更能直接地查出保密管理过程存在的漏洞和隐患，并及时整改。

三是保密经费投入充足，严格执行保密标准。陕飞在严格执行国家军工保密资格认证中心对保密工作的必要投入之外，集团内部更是投入资金置办保密设备，安装相应的保密管理系统软件，软硬件环境配备齐全，切实打牢保密"技防"基础。

通过打造陕飞特色的保密文化，员工严守国家秘密、维护国家利益的意识大大增强，为科研、生产、经营和改革发展提供了有力保障。陕飞人曾荣获"全国'四五'保密法制宣传教育先进保密工作者""国防科工委保密先进个人"等多项荣誉称号。

军工文化是军工企业之魂，它为军工企业各项事业的发展注入了蓬勃生机。陕飞将坚持军工文化建设基本原则，坚持以军工文化建设引领陕飞新文化建设，围绕"国家利益至上"这一军工文化的核心价值观，大力宣传"两弹一星"精神、载人航天精神,大力推进陕飞新文化建设,为实现"造中国最大最好的飞机、做陕飞至尊至强的员工"这一宏伟目标而激情进取、挑战极限。

集团的发展凝聚着陕飞人艰苦创业的拼搏精神,记载着陕飞人求实创新的不朽业绩。发扬"艰苦奋斗、爱企敬业、团队奉献、开拓进取"精神的陕飞人,正以前所未有的加速度,向着把中航工业陕飞建设成为能力最强的运输机和特种机研制基地这一宏伟目标阔步前进。陕飞人的工作现场如图7-2所示。

图7-2 陕飞人的工作现场

(摘编自1. 刘永谋, 赵平. 试析军工文化特色[J]. 北京理工大学学报(社会科学版), 2007(4); 2. 刘存福. 军工旗——军工文化建设示范单位风采录[M]. 北京理工大学出版社, 2008: 45.)

第二节 安全文化实例:特色安全文化 永续"江南长兴"

江南造船(集团)有限责任公司(以下简称"江南")是中国船舶工业集团公司所属我国历史最悠久的军工造船企业。它创建于1865年(清朝同治四年),经历了江南机器制造总局、江南船坞、海军江南造船所、江南造船厂的沿革。1996年改制为"江南造船(集团)有限责任公司"。

它是国家重点军工企业,也是中国现代军事工业的摇篮。江南造船(集团)有限责任公司场景如图7-3所示。

图7-3 江南造船(集团)有限责任公司场景

从创建伊始,江南就担当起中华民族强国强军的历史责任。江南作为一个有着百年历史的老企业,在它建设和发展过程中,创造了物质财富也创造了精神财富,江南的企业精神始终贯穿着历史的传承,江南的企业形象也同样始终贯穿着历史的形象,形成了江南特有的凝聚力,这个历史的形象在国际国内特别是军方形成了影响深远的江南品牌。

近年来,江南进入了快速发展的新时期。它在高质量地完成国家下达的专项军工任务的同时,率先跨出国门与世界接轨,始终在中国船舶出口中发挥主力军作用。它建造的"江南巴拿马"型系列散货船,是中国第一个在国际租船市场上挂牌交易的国际著名品牌。它建造了中国第一艘液化气(LPG)运输船,并不断推陈出新,在开发与研制水平方面雄居世界的前列。它开发建造的汽车滚装船、快速集装箱船、大型自卸船、跨海火车渡船等一大批高技术船舶,达到了国际先进水平,成为中国造船业的标志性产品,为我国的国防建设和航天事业做出了突出贡献。悠久而辉煌的历史铸就了今天的"爱国奉献,求实创新"的江南精神,而以江南精神为核心的企业文化,从本质上就是一种底蕴深厚、内涵丰富的军工文化。

文化建设在江南企业发展过程中起到了积极促进作用,也是江南长期发展过程中一项长期和艰巨性的任务,江南人把文化建设放在了十分重要的位置上。

安全文化是江南企业文化中最为重要的文化之一，集中体现了江南在长期安全生产和管理工作中的特色价值观。军工企业和军工产品都有其自身的特殊性，特别是造船企业，环境复杂、多工种交叉作业、危险源点多。江南始终把安全生产工作放在尤为突出的位置来抓，把安全文化作为重点内容纳入军工文化体系努力深化、不断丰富。

一是坚持抓生产抓安全，将安全生产责任制落到了实处，树立了正确的安全生产观。江南通过加强安全文化建设，确立了"安全第一"的指导思想。在日常生产中，江南的安全生产投入充足、安全管理制度健全、安全培训工作与安全防范措施到位，使得企业的安全生产工作处于主动地位，促进了安全生产管理持续健康的发展。

二是建立了安全生产长效机制。江南注重和讲求制度"硬管理"和文化"软管理"有机结合，这既是江南企业管理的需要，更是建立长效安全管理机制的需要。制度的"硬管理"指的是通过健全与完善有关的安全管理制度来明确与落实安全管理工作职责，实现安全生产制度化与规范化。文化的"软管理"指的是通过员工认同江南的使命、精神和价值观，从而理解和执行公司的决策和指令，自觉地按企业的整体战略目标和制度要求来调节和规范自己的行为，达到统一思想，统一认识，统一行动，建立安全生产管理长效机制的目的，从而努力推进企业安全生产管理实现程序化、规范化、制度化、法制化和科学化。

三是强化了企业安全生产文化建设，增强了安全防范意识。主要表现为以下三个方面：

① 超前意识。江南要求员工搞好安全生产，要具有超前的安全防范意识，提前做好预防准备，防患于未然，将事故消灭在萌芽之中。

② 长远意识。搞好安全生产是一项长期而艰巨的任务，要做到警钟长鸣，常抓不懈。根据企业安全管理的现实要求，认真研究安全生产管理问题，认真谋划，统筹实施，建立了安全生产长效机制。

③ 全局意识。安全生产直接关系到各方的实际利益，江南要求员工要树立全局观，遇到任何问题要从整体利益出发考虑。

四是强化以人为本，以文明生产为载体，建立和完善劳动安全卫生监督检查体系。安全文化本质上是一种组织文化，对安全生产管理有着十分重要的意义。强化以人为本的管理理念,依靠人、尊重人,充分调动员工的积极性、主动性和创造性,让企业主人翁意识贯穿于江南安全生产活动之中。同时,江南也在不断加大安全隐患的检查和整改力度,切实地维护好员工生产安全和健康权益。

建设一个高起点、高标准、高要求的军民结合的新江南,实现造船总量跨越式增长,经济规模与增长质量跨越式提高,产品结构和管理技术跨越式提升,企业生产能力跨越式飞跃,国际综合竞争力跨越式增强,是几代江南人梦寐以求的愿望。江南正为实现成为中国第一军工造船企业的发展目标而努力奋斗,随着军工文化建设工作,特别是安全文化建设工作的不断深入推进,随着江南人为国防建设做贡献的信心与技术实力的不断提升,江南一定能够为伟大祖国的繁荣富强贡献更大力量。

江南既是民族工业的发祥地,也是民族工业百余年发展的缩影和杰出代表。从其创造的一个又一个第一,到当前胜利完成高新工程任务,江南的一次次跨越、一次次创新,凝结成了一种永不服输、永不言败、永不满足、勇攀第一的精神,凝结成了"自强不息,打造一流"的江南精神,是国防科技工业弥足珍贵的精神财富。

如今它从历史深处走来,乘着中华崛起的风云之势,带着中国造船业百年的辉煌与荣耀,延续着不变的梦想,从黄浦江畔来到了美丽的长兴岛,蜿蜒的岸线上崛起了更大、更新、更强的新江南,江南将迎来锐意进取、永续辉煌的"江南长兴"新时代,走出长江,奔向大海,远征深蓝!

(摘编自 1. 刘存福. 军工旗——军工文化建设示范单位风采录[M]. 北京理工大学出版社,2008:45;2. 徐德蜀,邱成. 安全文化通论[M]. 北京:化学工业出版社,2004.)

第三节 质量文化实例:特色质量文化塑造"重工"品牌

兵器工业集团公司北方重工业集团有限公司(以下简称"北方重工",

如图7-4所示）始建于1954年，坐落在内蒙古包头市，是我国重要的火炮研发生产基地、国家高强韧炮钢研发生产基地、中国矿用汽车研发生产基地。北方重工以其特有的军工文化走在了全国企业文化建设的前列。作为国家常规兵器重点保军企业和国家大中型火炮生产基地，北方重工经过60多年的发展，公司不仅发展了特种钢冶炼、铸锻造和总装调试等硬件发展能力，而且积淀了厚重的企业文化。

图7-4　兵器工业集团公司北方重工业集团有限公司

一个企业要想走持续健康发展之路，就必须拥有和建设属于自己的企业文化。企业文化犹如一个人的灵魂，有则企业就会充满灵气，在市场大潮中应对自如；无则企业便会死气沉沉、死水一潭，必将影响企业发展后劲。北方重工是以和谐、整合、核心竞争力为内涵，以接好棒、跑好棒、交好棒的"接力棒"定律为推进方法的特色军工文化。北方重工特色军工文化，既弘扬了"两弹一星"精神、载人航天精神和人民兵工精神，又具有企业自身鲜明的特色。

在北方重工倡导的军工文化中，质量文化充分展现出了企业文化的核心价值观。质量文化建设考验人的素养，北方重工老一辈军工人创造了"铁"一般的质量文化。他们视质量为生命，在他们的身上体现出的是一种踏实专注的气质，在如切如磋、如琢如磨的钻劲背后，是对品牌和口碑的敬畏之心，是一种在工艺上追求精益求精、在质量上追求完美和极致的"工匠精神"。一代又一代的北方重工人传承并发展着，公司凝聚力不断增强。北方重工的质量文化主要体现在以下三个方面：

一是增强了员工的责任感与归属感。某年冬天的一个夜晚，401车间电器总调作业组承担的某产品电器总调任务已近尾声，经过15小时的连续作战，参战人员已是疲劳不堪。就在快到凌晨2点产品马上就要装车发往试验场时，大家在紧固螺丝时发现火控计算机罩子上的一个螺丝坏了一个扣儿。有人认为虽然差一个扣儿，但都上了紧固胶，应该不会有问题，现场一位叫马凤武的老同志，见此情况二话没说，拿起工具就爬进了炮塔内，和其他同志一起迅速把装起的产品重新开拆，两个小时后换好螺丝。事后，马师傅教育年轻工人说："我们这个行业不同于其他行业，质量上不能有任何纰漏，产品不能出现任何瑕疵，任何小的疏忽都可能导致前线战士的流血甚至失去生命。"这样的员工在北方重工还有很多，正是每一位员工都有这样的责任感和主人翁意识，使得北方重工所生产的产品质量达到了国际一流水平。

二是使公司与员工、员工之间的关系更加和谐畅通。质量文化的核心是价值观念，北方重工用共同的价值观把员工紧紧地凝聚在了一起。在提高公司的经济效益促进生产力发展的同时，最大限度地调动起了员工的积极性和创造性。在市场竞争日益激烈的形势下，为了适应新的变革，北方重工营造出了"单位是我家，人人为大家"的良好氛围，真正地关心和爱护员工，激发员工发挥出干事创业的强进动力，大家一起努力形成强大合力。

三是助推了员工的与时俱进、开拓创新。北方重工60多年的发展，就是一个质量不断提升的过程。早在中华人民共和国成立之初，国家为了研制当时较为先进的武器装备57高炮和100高炮，于1955年输送了一批人员赴苏联学习。这批同志非常珍惜这难得的学习机会，他们刻苦学习，努力钻研业务，学到了当时最先进的生产技术和经验，开阔了视野。回国后，他们将所学到的内容融入生产工作中，为公司产品质量的不断提升发挥了重要作用。时至今日，北方重工依旧要求员工要善于学习，善于思考，学以致用，积极向上，让员工走在时代前沿，与公司一起成长，共同发展。

北方重工"产品如人品"的质量文化，不仅是一个口号、一句标语，更体现了"工匠精神"在北方重工人身上所折射出的重要内涵，是北方重工人对质量的孜孜以求以及对自己质量荣誉的看重，也是一种质量荣辱文化：以追求高品质为荣，以生产劣质产品为辱。

正是这许许多多视产品质量为生命的军工人，推进了公司的质量文化建设，形成了从产品设计、工艺转化、加工制造、工业试验、规模化生产到售后服务一整套质量理念。近些年来，北方重工成为全国实施卓越绩效模式的先进企业。

在北方重工大力进行特色质量文化建设的同时，狠抓生产经营各项工作，实现了"双促进""双提高"，形成了军用武器装备、矿用车及工程机械、特种钢及延伸产品、煤矿综采设备、铁路配件、改装车六大板块产品，公司连续创造了每年增长10亿元销售收入的发展速度，质量文化真正促进了企业的生产经营。

公司在兵器工业集团的正确领导下，牢牢把握装备制造业快速发展的有利时机，以提升发展能力、塑造"北方重工"品牌、打造百亿集团为目标，以谋求产品发展和资源优化配置为主线，以产品结构、组织结构、人力结构持续调整为手段，以"目标责任、考核评价、监督执行、服务保障"四大体系为保证，坚持走"集团化管理、市场化运作、专业化经营、规模化发展"之路，着力提高市场意识、竞争意识、成本意识、服务意识、责任意识，形成了矿用车及工程机械、特种钢及延伸产品、煤矿综采设备、铁路配件、改装车五大板块产品。北方重工为努力打造阳光、开放、高效的现代化企业集团而不懈努力。

（摘编自 1. 苏青云. 对军工文化建设的认识 [J]. 中国军转民，2008（5）；2. 刘存福. 军工旗——军工文化建设示范单位风采录[M]. 北京理工大学出版社，2008：45.）

第四节　型号文化实例：特色型号文化彰显拼搏精神

中国电子科技集团公司第十四研究所（以下简称"十四所"，如图7-5

所示）成立于 1949 年，是我国雷达工业的发源地，诸多新型、高端雷达装备的始创者，是具有国际竞争能力的综合型电子信息工程研究所。作为我国电子系统工程领域中规模最大的综合性高科技研发基地，曾为"抗美援朝""两弹一星""载人航天""三峡工程"做出了不可替代的贡献。

图 7-5　中国电子科技集团第十四研究所

近年来，伴随着研究所的发展壮大，十四所创新性地把军工文化建设作为新时期研究所"科技报国、电子强军、和谐发展"的源动力，把军工文化的核心理念"国家利益至上"与"以人为本"的管理理念有机结合，形成了独具特色的"和谐军工文化"，为十四所又好又快的发展提供了强大而持久的精神动力和文化支持。

经过 60 余年的发展，十四所作为国家国防电子信息行业的骨干研究所，时刻牢记党和国家赋予的神圣使命，始终坚持走理想与文化引领、自主创新和军民融合发展之路，坚持走产、学、研、用相结合之路，坚持走国际化发展之路，先后在"两弹一星""载人航天""三峡工程""奥运安保""国庆阅兵"等诸多国家重点工程中承担关键任务，受到党中央、国务院、中央军委的表彰和嘉奖。

新时代，十四所继续承担着大量国防重点工程型号任务，其中部分产品在我国的武器装备史上具有里程碑式的意义，在国际上处于技术领先地位。在研制重点型号产品的过程中，面对研制难度极大，超强度、超饱和的工作量，十四所科研人员一不怕苦，二不怕累，知难而上，激发出一股"扬我国威，振我军威"的民族豪情。十四所人将型号文化的深刻内涵注入企业，为企业的发展带来强劲动力，体现在以下三个方面：

一是激励着十四所人顽强拼搏、勇攀高峰。在十四所的发展过程中，有一批正值壮年、经验丰富的项目负责人，带领着一群年轻人，夜以继日，呕心沥血。面对发达国家的物资禁运、技术封锁，他们在高科技之路上披荆斩棘，不畏艰难，奋勇攀登。在奋战国防重点工程的日子里，面对"后墙不倒"的任务，他们食不甘味、夜不安寝；他们没有 8 小时工作制，没有双休日、节假日，他们中有的大年初一还工作在离家千里之外的基地……白发过早地爬上了两鬓，他们一点儿也没有察觉，然而，生产、调试中的一个小小的瑕疵却逃不过他们的眼睛；儿女一天天长大，他们没有时间辅导，中考、高考来临了，他们依旧抽不出一点儿时间照顾；年迈的父母需要照顾，内心满是牵挂和愧疚的他们却挤不出时间，甚至老人弥留之际也没能盼来他们的身影，不是他们不孝，自古忠孝难两全……

二是提炼了预警机和海之星的独特型号文化。"苟利国家生死以，岂因祸福避趋之"。始终铭记神圣使命的十四所人，以敢上九天揽月的大无畏精神，为军工文化的核心——"国家利益至上"，做出了最佳注解！就是这样一群人，这样一个团队，铸就了十四所的型号文化。为了传播这文化，为了弘扬这文化，为了让十四所的后代子孙永远铭记十四所人的奉献精神，十四所人总结、归纳并诠释了以"自力更生、创新图强、协同作战、顽强拼搏"的预警机精神为核心内容的预警机文化；归纳、提炼并诠释了以"使命高于一切，团队坚不可摧，创新永无止境，荣誉催人奋进"的海之星精神为核心内容的海之星文化，并编印了《永远的怀念》《海之星》等书刊。这富有特色的军工型号文化是十四所人对"两弹一星精神""载人航天精神"的继承和发扬，它必将激励十四所人在国防现代化建设的伟大事业中再立新功。

三是实现了技术上的重大突破。十四所人这样的拼搏精神，使得十四所在技术上突破了一项又一项的关键技术，填补了一项又一项国内空白，部分产品的主要性能指标达到了国际领先水平。60 多年来，十四所走出一条自主创新、重点跨越、支撑发展、引领未来科技创新之路,取得了国家各类奖项、专利百余项。

"金弓蓝帆智慧眼,朝阳大海新希望。"现在的十四所,职工精神面貌昂扬、振奋,科研生产、工作生活环境和谐、优美,社会知名度、美誉度不断提升。优秀的军工文化传统来源于军工人的长期实践,也必须由军工人用自觉的行动去传承、创新、丰富和发展。只有这样,军工文化才有生命力,军工优良传统才能发扬光大。

十四所为国防建设做出了积极贡献,按照"军民结合、寓军于民"的要求,坚持走军民复合式发展、国际化发展的道路,积极投身于国民经济建设。依托军工科研优势,十四所在现代物流、城轨交通、无线通信、民用雷达、软件与集成电路等民用领域取得了快速发展,现已成为覆盖国内、国际两大市场的集团化研究所。

放眼世界电子信息工程的前沿,置身于群雄角逐的国际市场,在党和国家一如既往的亲切关怀下,在中国电子科技集团公司的正确领导下,肩负党和国家赋予的神圣使命、集团公司寄予的莫大期望的当今十四所人,正以尽责创新的精神、昂扬的斗志、奋发有为的工作作风,为把十四所建成创新型国际一流电子信息企业集团而努力奋斗。

(摘编自 1. 刘永谋,赵平. 试析军工文化特色[J]. 北京理工大学学报(社会科学版),2007(4);2. 刘存福. 军工旗——军工文化建设示范单位风采录[M]. 北京理工大学出版社,2008:45.)

第五节　创新文化案例:特色创新文化智慧经略海洋

船舶系统工程部成立于 1970 年 4 月,2013 年更名为中国船舶工业系统工程研究院(以下简称"系统工程研究院",如图 7-6 所示),隶属于中国船舶工业集团公司,是我国最早将系统工程理论和方法应用于海军装备技术发展、最早以"系统工程"命名的军工科研单位。

系统工程研究院成立以来始终站在我国海洋装备发展的前沿，负责多项国家重大专项工程任务，在多领域多系统的设备研制和科研手段建设方面取得了多项突破，经过近 50 年的发展，已成为覆盖"体系研究和顶层规划、系统综合集成、系统核心设备研制"三个层次的骨干军工科研单位。

图 7-6　中国船舶工业系统工程研究院

系统工程研究院把握历史新机遇，创造转型新价值，坚持以建设强大海军、服务国家为己任，不断强化体系顶层牵引，在做强军工的同时，在做大产业方面也取得了重大进展，形成了船舶智能化、海洋信息化及通用航空等领域的科技产业集群，在航海、航空、防务与执法、海洋工程、机电、信息等方向加速推进产业发展，提供定制化一揽子解决方案、一体化系统集成、一站式产品支持、一条龙服务保障，在军民融合领域取得了重要成效，成为装备建设和海洋事业的中坚力量。

系统工程研究院以重大科技课题为牵引，前瞻性、基础性、应用性技术梯次布局，承担国防 973、背景预研、重大基础科研、重点研发计划等多项重大课题，多项成果成功转化，专利申请量连续几年高位增长，科技实力显著增强。近年来，系统工程研究院紧紧抓住国家军工能力调整和军民融合发展机遇，实施了以装备体系顶层研究为牵引，以内涵式发展为核心的全面探索。围绕发展海洋经济、建设海洋强国和强大国防的国家战略任务，实施"科技强院"战略，开创了转型发展新格局。

一是开展了船舶智能化与航运管理智能化的创新实践。在国内首次成功自主研发智能船舶运行与维护系统（SOMS），首次将国际领先的工业 4.0 技术信息—物理系统（CPS）应用于船舶智能化领域，实现了船舶与航运管理智能化的岸海一体智能信息产品与服务体系构建。该系统突破了数据轻量化传输等一系列智能化关键技术，能帮助船舶有效降低燃油成本和主要设备故障率，为航运业提供满足各级用户需求的智能信息产品与服务，并成功在 6.4 万吨散货轮与 30 万吨超大型油轮中应用。

二是打造了智慧通用航空体系，推动军用技术转化。基于在军用船舶直升机保障市场的成熟技术与成功经验，自主研发了直升机保障、低空飞行服务和监管、智能机务管理等系统，在通用航空器保障系统集成、通航机场规划设计、通航信息化建设方面积累了丰富成果，成功获得国家科技部重点研发计划"航空应急救援关键技术研究及应用示范"立项支持。在 2016 年的珠海航展上，自主研发的"通航云·信息化服务产品"得到了业内广泛关注，该产品主要为通用航空飞行者与通航公司提供安全、可靠的监视服务系统、维修管理系统、运行控制系统。

三是实现了高端装备国产化突破，成功研制了多缆物探系统。自 2013 年起系统工程研究院攻关多缆高性能物探系统，成功研制出具有自主知识产权的 SERI–ROSE 高分辨率拖缆地震数据采集系统。2015 年 7 月搭载广州海洋地质调查局探宝号物探船进行了海上试验。经与国外同类型先进设备法国 Sercel 公司的 SEAL428 物探系统进行对比测试，各项关键指标均达到国际领先水平，成为海上物探装备国产化的突破口。

近年来，系统工程研究院坚持内涵式发展，能力建设取得新成效，构建了集成产品开发（IPD）体系，作为首个系统总体单位通过了 GJB5000A/CMMI 二级认证。自 2014 年以来，系统工程研究院大力推进精益研发专项和知识工程建设，核心能力建设投资大幅增长，实验室建设水平行业领先，不断推动科研模式深度转型。系统工程研究院建立了专业技术体系，以技术框架为主线强化技术管理；以自筹创新项目为手段，提前布局、抢占先机；完善科技专项奖励、产出激励、创新基金等创新机制，扩大国内外科技交流与合作。同时，坚持体系引领，探索军工主业从"被动满足需求"向"主动创造需求"转型，努力实现从舰艇多平台系统集成向装备体系、综合集成转变，实现多领域新业务拓展，发展了海洋观测、无人平台、综合电力等十余项新专业，逐步成为"国家战略、体系牵引"的行业龙头。

系统工程研究院高度重视实验室等创新平台建设，坚持以核心技术研发为重点，以体系研究、系统集成、产品技术研发三方面核心能力为目标，开展实验室等科技创新平台建设和管理，打造以国防科技重点实验室、创新中心为代表的科技创新平台，突出实验室科技创新主体作用的发挥。

站在新的历史起点，面对经济新常态和改革的机遇与挑战，系统工程研究院将秉承家国情怀、工匠精神和开拓精神，贯彻落实"改革创新、开放合作、调整结构、持续发展"的指导思想，坚持创新、人才、资本、改革四大驱动，毫不动摇地做强军工主业，毫不动摇地做大科技产业，加强顶层体系研究，拓展系统集成业务领域，强化核心设备研制，继续保持系统集成领域的行业领先地位。

系统工程研究院将以科技创新为核心带动全面创新，弘扬创新精神，壮大创新队伍，提升系统集成能力和自主创新能力，为打造成为国际领先、国内一流的创新平台，为海洋事业发展、海洋强国建设和中国梦实现做出更大贡献。

（摘编自 1. 中国产学研合作好案例，中国产学研合作促进会，2016年11月22日，http://www.360cxy.cn/content/details_32_2995.html；2. 刘存福. 军工旗——军工文化建设示范单位风采录[M]. 北京理工大学出版社，2008：45.）

参 考 文 献

[1] 李赫亚．论市场竞争视野中的企业文化力作用［J］．商场现代化，2007（5）．

[2] 李赫亚．论企业文化评价与企业文化建设［J］．集团经济研究，2007（15）．

[3] 孙利，赵平．组织文化理论研究［J］．军工文化 2008（5）．

[4] 孙利，赵平．企业文化在我国的实践与发展［J］．军工文化 2008（6）．

[5] 赵平．文化建设的实质是价值观建设［J］．军工文化，2012（1）．

[6] 吴剑，赵平．企业文化建设的关键在于道器合一［J］．军工文化，2013（12）．

[7] 赵平，吴剑．企业文化的核心要素及其相互关系［J］．军工文化，2013（10）．

[8] 赵平．正确认识企业文化在企业管理中的作用和地位［J］．军工文化，2014（3）．

[9] 刘永谋，赵平．析军工文化特色［J］．北京理工大学学报：社会科学版，2007（4）．

[10] 刘永谋，赵平．什么是军工文化——军工文化的若干理论问题［J］．军工文化，2007（1）．

[11] 喻佑斌．军工文化内涵刍议［J］．中国军转民，2007（3）．

[12] 赵平，李赫亚．军工核心价值观、军工核心价值体系、军工精神的关系［J］．军工文化，2012（11）．

[13] 李赫亚，赵平．军工文化是军工企业文化的核心［J］．国防科技工业，2008（4）．

[14] 李赫亚，赵平．军工文化是军工企业文化的主要特色［G］//刘存福．论军工文化．北京：北京理工大学出版社，2016．

[15] 李赫亚，赵平．军工文化引领和推动军工企业文化建设［J］．国防科技工业，2008（7）．

[16] 李赫亚，赵平．论军工文化与军工企业文化关系［J］．北京理工大学学报：社会科学版，2009（2）．

[17] 李赫亚，喻佑斌，卢小山．历史与使命——军工文化建设思考［G］//国防科技工业军工文化建设协调小组．军工文化论文集．北京：北京理工大学出版社，2006．

[18] 李赫亚．军工文化初步形成于第二次国内革命战争时期［J］．军工文化，2007（1）．

[19] 李赫亚．论抗日战争时期军工文化发展的特点［J］．军工文化，2007（2）．

[20] 李赫亚．论军工文化的历史分期与类型［J］．军工文化，2008（1）．

[21] 李赫亚．人民解放战争时期的军工文化发展［J］．军工文化，2008（2）．

[22] 刘存福．论军工文化［M］．北京：北京理工大学出版社，2016．

[23] 李赫亚，赵平．军工文化走过八十年［J］．军工文化，2011（7）．

[24] 刘永谋，张剑军．论军工文化的结构与功能［J］．军工文化，2008（1）．

[25] 刘存福，赵平．军工行业各主体文化结构辨析［J］．军工文化，2014（9）．

[26] 刘永谋．怎样建设军工文化——军工文化建设的若干实践问题［J］．军工文化，2007（2）．

[27] 刘存福，赵平．军工文化建设的误区和对策［J］．军工文化，2008（8）．

[28] 李赫亚．铸就共和国的时代精神——六十年来军工文化建设的主要成果［J］．国防科技工业，2009（9）．

[29] 赵平，李赫亚．传承军工文化建设经验，创造军工产业新的辉煌［J］．军工文化，2011（8）．

[30] 刘铁忠．军工安全文化概念框架研究［J］．科技管理研究，2010，（9）．

[31] 刘铁忠，赵平，张剑军. 军工安全文化建设的理论与实践探索[G]//刘存福. 论军工文化. 北京：北京理工大学出版社，2016.

[32] 刘存福，赵平. 试析军工型号文化[J]. 保密工作，2013（10）.

[33] 黄金，赵平. 论军工保密文化的内涵体系[J]. 北京理工大学学报：社会科学版，2010（4）.

[34] 李赫亚. 浅析军工创新文化[G]//刘存福. 论军工文化. 北京：北京理工大学出版社，2016.

[35] 童旭光，刘存福. 军工质量文化初探[J]. 军工文化，2015（7）.

[36] 石伟. 组织文化[M]. 上海：复旦大学出版社，2004.

[37] 张德. 企业文化建设[M]. 北京：清华大学出版社，2003.

[38] 王成荣. 企业文化学教程[M]. 北京：中国人民大学出版社，2003.

[39] 罗长海. 企业文化学[M]. 北京：中国人民大学出版社，1999.

[40] 王超逸，李庆善. 企业文化教程[M]. 北京：中国时代经济出版社，2006.

[41] 邹广文. 企业文化设计与发展[M]. 贵阳：贵州民族出版社，2002.

[42] 斯蒂芬·P·罗宾斯. 组织行为学（第七版）[M]. 孙健敏，李源，译. 北京：中国人民大学出版社，1997.

[43] 霍夫斯坦德. 跨越合作的障碍——多元文化与管理[M]. 尹毅夫，陈龙，王登，译. 北京：科学出版社，1996.

[44] 张德. 企业文化建设[M]. 北京：清华大学出版社，2003.

[45] 王成荣. 企业文化学教程[M]. 北京：中国人民大学出版社，2003.

[46] 王超逸，李庆善. 企业文化教程[M]. 北京：中国时代经济出版社，2006.

[47] 刘永谋，张剑军，贺亚兰. 军工文化的概念、特征与核心价值[G]//国防科技工业军工文化建设协调小组. 军工文化论文集. 北京：北京理工大学出版社，2006.

[48] 刘永谋，赵平. 论军工文化核心价值体系[J]. 北京理工大学学报：社会科学版，2007（2）.

[49] 列宁. 列宁选集：第3卷[M]. 北京：人民出版社，1972.

[50] 北京理工大学军工文化教育研究中心."国家利益至上"是爱国主

义在军工行业的集中体现［N］. 中国军工报，2007-04-13.
[51] 国防科工委关于加强军工文化建设的指导意见［Z］. 2007（1）.
[52] 曾良才. 集团文化［M］. 北京：企业管理出版社，2006.
[53] 国防科技工业军工文化建设协调小组. 军工文化论文集［M］. 北京：北京理工大学出版社，2006.
[54] 李小三. 中国共产党人精神研究［M］. 北京：中央文献出版社，2008.
[55] 李懿. 关于发展军工先进文化的几点思考［J］. 国防科技工业，2005（1/2）.
[56] 王楗夫. 军工文化的基本特征及社会功能［J］. 中国军转民，2005（1）.
[57] 吴远平. 新中国国防科技体系的形成与发展研究［M］. 北京：国防工业出版社，2006.
[58] 贺亚兰，刘存福，张波. 军工文化建设示范单位评估指标体系的构建［J］. 北京理工大学学报：社会科学版，2008（3）.
[59] 文化自觉与社会发展［EB/OL］. 2013-12-11.http://www.southcn.com/nflr/huati/whms.
[60] 曾昊，等. 企业文化建设的误区［J］. 企业管理，2006（2）：26-29.
[61] 刘存福，等. 企业文化的再认识［J］. 商业时代，2005（18）：92-93.
[62] 刘铁忠. 基于组织学习的企业安全管理能力研究［D］. 北京：北京理工大学，2006.
[63] 艾银生. 浅谈大型军工企业的质量文化［J］. 航空科学技术，2000（5）：9-12.
[64] 吴伟仁. 大力推进军工质量文化建设［J］. 航空标准化与质量，2005（4）：26-28.
[65] 贾越. 军工质量文化建设的思考［J］. 航天工业管理，2006（3）：17-20.
[66] 高天柱. 试论军工科研院所企业文化的建设［J］. 舰船科学技术，2003（3）：62-64.
[67] 刘林宗. 航天精神——军工文化的精髓［J］. 国防科技工业，2006

（9）：23-24.

[68] 曾绍仑，洪才祥．军工文化的新时期展现［J］．企业文明，2006（11）：56-57.

[69] 刘成功，庞洪峰．对军工企业文化发展的探索与思考［J］．中国军转民，2007（12）：64-66.

[70] 司德鹏，孙忠慧．强我文化 兴我军工——大力开展军工文化建设，促进军工又好又快发展［J］．中国军转民，2007（12）：23-25.

[71] 苏青云．对军工文化建设的认识［J］．中国军转民，2008（5）：59-61.

[72] 刘永谋，赵平．谈军工文化先进性［J］．北京理工大学学报：社会科学版，2007（5）：110-111.

[73] 北京理工大学军工文化教育研究中心．军工文化建设若干问题的研究［R］．北京理工大学军工文化教育研究中心课题组，2007.

[74] 库尔曼．安全科学导论［M］．北京：中国地质大学出版社，1991.

[75] 于广涛，王二平．安全文化的内容、影响因素及作用机制［J］．心理科学进展，2004，12（1）：87-95.

[76] 徐德蜀，邱成．安全文化通论［M］．北京：化学工业出版社，2004.

[77] 郭有才．试论军工科研单位的安全文化素质［J］．舰船防化，1997（12）：130-134.

[78] 朱继龙．以创新管理促进军工安全文化建设［J］．国防科技工业，2007（01）．

[79] 罗云，程五一．现代安全管理［M］．北京：化学工业出版社，2004.

[80] 张国顺．在兵器工业安全文化研讨会上的讲话［J］．兵工安全技术，1996（3）：11-12.

[81] 国家核安全局．核动力厂营运单位的组织和安全运行管理［S］．2006.

[82] 华月强．加强核企业的安全文化建设［J］．企业文明，2005（5）：42-45.

[83] 金磊．从核安全到城市建设安全文化的联想［J］．安全与健康，2003（9）：15-17.

[84] 卢伟强，那福利．浅谈核安全文化体系的建立与完善［J］．核安全，

2009（2）：58-61.

[85] 王爱玲．航天企业安全文化初探[J]．航天工业管理，2007（5）：33-34.

[86] 徐钫．关于航天型号项目管理的几点思考[J]．航天工业管理，2006（6）：28-31.

[87] 刘存福．军工旗——军工文化建设示范单位风采录[M]．北京理工大学出版社，2008.

[88] 郁蔚铭．军工文化：天眼之歌[J]．军工文化，2008（12）：34-38.

[89] 孙战国．保密文化建设进行时——中国航天科工集团公司保密文化建设纪实[J]．保密工作，2012（3）：24.

[90] 阎萍．保密文化，军工家风——军工企业实施保密教育和管理初探[J]．保密工作，2012（3）：48.

[91] 刘怀彦．努力提高保密文化建设科学化水平[J]．保密工作，2012（3）：28.

[92] 王秀玲．为企业安全发展提供保障——航天科工二院二〇七所打造特色保密文化纪实[N]．军工文化，2013-03-22（4）.

[93] 巨乃岐，王恒桓，田华丽，欧仕金．军队保密文化研究的价值探析[J]．信息安全与通信保密，2012（1）：87.

[94] 巨乃岐，卢晓莉，王恒桓，李彬．军队保密文化建设论纲[J]．保密科学技术，2011（4）：44.

[95] 范强锐，赵平．以安全文化建设提升实验室安全工作水平[J]．实验技术与管理，2007，24（10）：139-142.

[96] 赵平，范强锐，金军．教育在先，预防为主，整改不断——对高校校园安全管理工作的思考[J]．实验技术与管理，2006，23（8）：1-3.

[97] 郁蔚铭．军工文化：天眼之歌[J]．军工文化，2008（12）：34-38.

[98] 习近平．在十二届全国人大二次会议解放军代表团全体会议上的讲话[N]．解放军报，2014-03-12.

[99] 习近平．在视察国防科学技术大学时的讲话[N]．解放军报，2013-11-07.

[100] 泰勒. 原始文化 [M]. 蔡江浓, 编译. 杭州: 浙江人民出版社, 1988.

[101] 张岱年, 程宜山. 中国文化论争 [M]. 北京: 中国人民大学出版社, 2006.

[102] 本书编写组. 马克思主义基本原理概论 [M]. 北京: 高等教育出版社, 2018.

[103] 马克思, 恩格斯. 马克思恩格斯选集: 第1卷 [M]. 北京: 人民出版社, 1995.

[104] 马克思, 恩格斯. 马克思恩格斯选集: 第2卷 [M]. 北京: 人民出版社, 1995.

[105] 马克思, 恩格斯. 马克思恩格斯选集: 第3卷 [M]. 北京: 人民出版社, 1995.

[106] 马克思, 恩格斯. 马克思恩格斯全集: 第42卷 [M]. 北京: 人民出版社, 1979.

[107] [美] 彼得·圣吉. 第五项修炼——学习型组织的艺术与实务 [M]. 上海三联书店, 1994.

[108] 中国产学研合作好案例 [OL]. (2016-11-22) http://www.360cxy.cn/content/details_32_2995.html

[109] SHENHAR A J, Hougui S Z, Dvir D, etc. Understanding the Defense Conversion Dilemma [J]. Technological Forecasting and Social Change, 1998, 59 (3): 275-289.

[110] BARKAN R, Zohar D, Erev I. Accidents and Decision Making under Uncertainty: A Comparison of Four Models [J]. Organizational Behavior and Human Decision Processes.1998, 74 (2): 118-144.

[111] GLENNON D P. Safety climate in organizations [Z]. Proceedings of the 19th Annual Conference of the Ergonomics Society of Australia and New Zealand. 1982: 17-31.

[112] GULDENMUND F W. The nature of safety culture: a review of theory and research [J]. Safety Science, 2000, 34: 215-257.

[113] LEE T R. Perceptions, attitudes and behavior: the vital elements of a

safety culture [J]. Health and Safety, 1996 (10): 1-15.

[114] SORENSEN J N. Safety culture: a survey of the state-of-the art [J]. Reliability Engineering and System Safety, 2002, 76: 189-204.

[115] GURJEET K G, Gurvinder S S. Perceptions of safety management and safety culture in the aviation industry in New Zealand [J]. Journal of Air Transport Management, 2004 (10): 233-239.

[116] COX S, COX T. The structure of employee attitudes to safety: an European example [J]. Work and Stress, 1991, 5 (2): 93-106.

[117] DEDOBBELEER N, Beland F. A safety climate measure for construction sites[J]. Journal of Safety Research, 1991, 22: 97-103.

[118] PIDGEON N F. Safety culture and risk management in organizations [J]. Journal of Cross-Cultural Psychology, 1991, 22 (1): 129-140.

[119] LÉGER A, et al. Methodological developments for probabilistic risk analyses of socio-technical systems[J]. Proceedings of the Institution of Mechanical Engineers Part O-Journal of Risk and Reliability, 2009, 233 (4): 313-332.

[120] HAVOLD J I. Safety culture and safety management aboard tankers [J]. Reliability Engineering and System Safety, 2010, 95: 511-519.

[121] REASON J. Managing the Risk of Organisational accidents [M]. Ashgate: Aldershot, 2007.

[122] FURNHAM A. The Psychology of Behaviour at Work [J]. London: Psychology Press, 1997.

[123] HOPKINS A. Studying organizational cultures and their effects on safety [J]. Safety Science, 2006, 44: 875-889.

[124] HAUKELID K. Theories of (safety) culture revisited-an anthropological approach[J]. Safety Science, 2008(46/3): 413-426.

[125] RICHTER, KOCH C. Integration, differentiation and ambiguity in safety cultures [J]. Safety Science, 2004, 42: 703-722.

[126] HAUKELID K. Theories of (safety) culture revisited-an anthropological approach [J]. Safety Science, 2008, 46 (3): 413-426.

[127] VAUGHAN D. Signals and Interpretive work: the role of culture in

practical action [A]. In: KAREN A., CERULO A. (Eds.), Culture in Mind: Toward a sociology of culture and cognition [M]. New York: Routledge, 2002.

[128] NAVESTAD O. Evaluating a safety culture campaign: Some lessons from a Norwegian case [J]. Safety Science, 2010, 48: 651-659.

[129] ROLLENHAGEN C. Can focus on safety culture become an excuse for not rethinking design of technology [J]. Safety Science, 2010, 48: 268-278.

[130] Columbia Accident Investigation Board.Columbia Accident Investigation Board report [R]. Retrieved November 11, 2007 from http://www.caib.us/.

[131] EDWARDS M, Jabs L B. When safety culture backfires: Unintended consequences of half-shared governance in a high tech workplace [J]. The Social Science Journal, 2009, 46: 707-723.

[132] KLETZ T. Still going wrong! —Case histories of process plant disasters and how they could have been avoided [M]. Butterworth-Heinemann: Oxford, 2003.

后 记

军工文化是伴随着中国共产党领导下的人民军工事业的发展而形成的一种独特的文化形态，具有极其强烈的民族性与时代性，体现着共产党人的奋斗精神，彰显着军工人捍卫国家利益、创建民族美好未来的博大情怀，是助推我国国防科技工业不断发展的重要文化力量。在新时代背景下，军工文化的传承与发展对于中华民族的伟大复兴具有鲜明的时代意义。

北京理工大学系中国共产党创办的第一所理工科大学和新中国第一所国防工业院校，传承了"延安根、军工魂"厚重的红色基因。自建校以来，学校始终与党和国家同呼吸共命运，为我国国防科技事业发展和国民经济建设做出了突出贡献。学校重视军工文化的研究，于2006年专门成立了军工文化教育研究中心。中心汇聚了来自管理学、哲学、历史学、教育学等专业的研究人员，十二年来，以课题为牵引，就军工文化基础理论、军工文化历史发展以及建设实践等方面展开了专题研究，形成了一批丰硕的研究成果，在学术界以及军工行业产生了一定的影响，有些成果对于军工企业军工文化建设水平的提升提供了借鉴与参考。

为丰富与深化军工文化的研究，探索军工文化的新时代价值以及进一步增强中国特色社会主义文化自信，中心在以往研究成果的基础上，结合理论研究与建设案例组织撰写了本书。本书也是作者们沿着军工文化概述、理论基础、时代要求、落地实践的思路，经多方调研、深入思考、协力集智之作。第一章由李赫亚执笔撰写，第二章由孙利执笔撰写，第三章由刘存福执笔撰写，第四章由刘存福、孙利、李赫亚执笔撰写，第五章由樊红亮执笔撰写，第六章由张波执笔撰写，第七章由徐涛涛执笔编写。全文由刘存福进行统稿。此外，赵平、贺亚兰、刘永谋、刘铁忠等同志也为本书的撰写提供了成果支持。

北京理工大学的相关领导、专家对本书的写作给予了大力支持，北京理工大学出版社也为本书的出版提供了大力帮助，在此一并表示感谢！

本书出版之际，正值延安中央军工局成立八十周年，北京理工大学也即将在 2020 年迎来八十华诞，为此，也将本书作为一份纪念献礼，以明不忘初心、继续前进之志。

最后，本书在撰写过程中，受时间和水平所限存在不足之处，敬请读者批评指正！

北京理工大学军工文化教育研究中心

2018 年 10 月